나는 왜
소년범을
변호했을까

나는 왜
소년범을
변호했을까

김광민 지음

우리 사회에서
낙인찍힌
그들을 위한 변론

청소년의 모든 행동 뒤에는
우리 사회가 있다

'청소년'의 '청' 자는 '푸를 청'이다. 봄이 되면 새싹이 푸릇푸릇 올라오듯 인생의 싹을 틔우는 시기가 청소년기다. '청소년'은 그 이름만으로도 아름다운, 아름다울 권리가 있는 시기다. 하지만 우리 청소년들은 아름다움을 잊은 채, 아니 박탈당한 채 살아가고 있다. 그것은 우리 어른들의, 이 사회의 책임이 크다.

한편에서는 청소년들이 어른들에게 학대당하고 있다. 심지어 부모 손에 목숨을 잃는 청소년들도 있다. 다른 한편에서는 청소년들끼리 서로가 서로를 괴롭히고 폭력을 가한다. 그 과정에서 목숨을 잃는 청소년 역시 적지 않다.

대다수의 어른은 학대하는 성인, 친구를 괴롭히는 청

4

소년을 비난한다. 처벌을 강화해야 한다고 목청을 높인다. 희생당한 청소년을 애도한다. 하지만 아무리 목청을 높이고 눈물을 흘려도 현실은 바뀌지 않는다. 우리 사회는 여전히 목청을 높이고 눈물을 흘리는 데만 집중하는 것 같다.

나는 변호사라는 직업 덕분에 소년범죄 현장에서 일할 수 있었다. 개인적으로는 나 역시 혹독한 비행을 겪은 위기청소년이었다.

위기청소년 출신 변호사가 위기청소년들 사이에서 부대끼며 깨달은 것은 그간 우리 사회의 접근법에 근본적인 문제가 있었다는 것이다. 위기청소년은 범죄자이기 전에, 피해자이기 전에 하나의 '청소년'이다. 그리고 청소년은 우리 사회의 구성원이 되기 위해 배우고 경험해가는 존재다. 그 배움과 경험의 절대치는 성인에게서 나온다. 즉, 청소년의 어떠한 행동 뒤에는 반드시 '어른'이 존재한다. 청소년을 이해하려 할 때 그들 뒤에 있는 어른, 우리 사회를 바라보지 못한다면 그것은 청소년을 전혀 이해하지 못한 것과 마찬가지다.

청소년을 비난하기 전에 먼저 우리 사회를 되돌아보

아야 한다. 자신을 비판하지 못하는 사회는 청소년을 비난할 자격이 없다. 위기청소년과 함께한 6년, 나는 우리 사회가 그들을 비난할 자격이 없음을 알았다. 그동안 만나온 청소년들의 이야기를 통해 과연 우리 사회가 그들을 비난할 자격이 있는지 생각해볼 기회가 되었으면 하는 마음에서 이 책을 썼다.

이 책에 나오는 인물은 모두 가명이다. 사건 역시 실제 사건이 유추되지 않도록 모두 각색했다. 하지만 그 각색은 결코 현실을 희석하지는 않는다. 우리 청소년들이 처한 현실은 이 책의 내용보다 훨씬 잔혹하기 때문이다. 이 책이 독자들에게 우리 사회의 청소년에 대해 돌아보는 기회가 되었으면 한다.

2023년 2월

김광민

가해 청소년의 변호사가
된다는 것

소년사건 변호인은 할 일이, 아니 할 수 있는 일이 별로 없다. 증거 싸움은 형사재판의 시작이자 끝이다. 검사가 제출한 증거를 변호인이 얼마나 방어해내느냐에 따라 재판의 승패가 갈린다. 하지만 소년사건에서는 증거동의 절차가 아예 없다. 재판은 판사와 보호소년(비행청소년)만 참석해 진행된다.

19세 미만 청소년이 경미한 비행을 저지르면 형사재판이 아닌 소년부 보호사건으로 처리된다. 그리고 소년부 보호사건은 일반 법원이 아닌 가정법원 소년재판부에서 심판한다. 법원에서 형사재판과 유사한 형식으로 진행되지만 엄격한 의미에서 재판이 아닌 일종의 행정절차다.

보호소년에게 내려지는 처분 역시 형사처벌이 아닌 보호 처분으로 행정처분의 하나다. 그렇기에 보호처분은 전과로 기록되지 않는다.

소년부 보호사건은 '소년법'이 규정하고 있다. 그런 소년법에는 독특한 규정이 있다. 바로 제23조 제1항의 "심리 기일에는 소년부 판사와 서기가 참석하여야 한다"는 것이다. 이 규정에 이상함을 못 느낄 수도 있다. 하지만 드라마나 영화에서 검사와 변호사가 증거 하나를 두고, 혹은 증인을 사이에 두고 치열하게 다투는 장면을 떠올려 보면 이상한 점이 느껴질 것이다. 소년부 보호사건의 심리에는 검사가 없다.

형사재판은 검사의 기소로 시작한다. 이를 '공소제기'라고 한다. 검사는 공소를 제기하면서 법원에 범죄 사실을 간략히 기재한 공소장과 피고인의 혐의를 입증할 수 있는 증거 목록을 제출한다. 이렇게 하는 이유는 판사의 예단을 방지하기 위해서다. 공소장에 범죄 사실을 구구절절하게 기재하고 이를 입증할 모든 증거가 제출된다면, 이를 먼저 보고 재판에 들어온 판사가 피고인이 유죄라고 예단하게 될 위험성이 있기 때문이다. 그러고 나서 이후 재판 과정에서 증거의 효력을 두고 검사와 변호인 간 치열한 공방이 오간다. 그리고 그 결과 적법하게 채택된 증거만 법원에 제출되고 그제야 판사는 증거를 볼 수 있게 된다.

하지만 소년부 보호사건에서는 증거의 채택을 두고 보호소년과 검사가 치열하게 다툴 수가 없다. 다툼의 대상이 되는 검사가 존재하지 않기 때문이다. 그러므로 수사기관은 사건을 소년부에 송치할 때 증거 목록이 아닌 모든 증거를 보내버린다. 따라서 판사는 증거능력을 다투는 별도의 절차 없이 여과되지 않은 모든 증거를 보고 재판에 들어온다. 심지어 보호소년이 어떻게 생기고 어떠한 생각을 가지고 어떠한 언어를 사용하는지조차 모르는 상태에서 그의 비행 사실을 입증할 모든 증거를 보고 재판에 들어온다. 이미 판사에게 보호소년은 비행청소년인 것이다.

소년부 보호사건에서 무죄 주장은 금기시된다. 무죄라는 것은 수사기관의 공소사실, 소년부 보호사건에서는 비행 사실을 부인하는 것이다. 무죄는 검사와 피고인 간 치열한 공방을 통해 검사가 제출하고자 하는 증거의 효력이 부인되어 유죄를 입증할 증거가 없어져야 가능하다.

아니면 검사가 제출한 모든 증거를 뒤집을 수 있는 증거를 세출해야 한다. 하지만 반복하듯 소년부 보호사건에는 검사가 없다. 증거를 놓고 다툴 상대가 없는 것이다. 그렇다면 판사와 다투어야 한다. 그러나 판사는 이미 비행을 입증하는 모든 증거를 본 상태다. 보호소년이 무죄를 주장하면 판사는 이를 다툴 방법이 없다. 결국 검사와 법리와 증거 싸움을 하는 형사재판으로 보내는 것이 거의 유일한 방법이다. 무죄를 주장하는 보호소년을 판사가 검찰로 다시 송치하는 이유다. 물론 소년법에는 '불처분'이라는 무죄에 해당하는 처분이 있다. 그러나 검사가 없는 소년부 보호사건에서 불처분이 내려지는 경우는 거의 없다.

그렇기에 소년부에 송치된 청소년은 스스로가 정말 무고하다면 형사처벌을 각오하고 일반 형사재판을 받아야 한다. 하지만 무죄를 입증하지 못한다면 형사처벌을 받고 전과자가 되어야 한다. 이는 너무나도 위험한 도박이나 마찬가지다. 그 때문에 대부분의 청소년이 억울해도 어쩔 수 없이 소년부 보호사건을 수용한다.

판사는 검사가 보내온 사건 기록을 여과 없이 들여다보고 재판을 진행한다. 변호사는 재판에서 처음 판사를 만난다. 더욱이 이미 그 판사는 모든 수사 기록을 검토하고 어떤 판결을 내릴지 결정한 상태. 2~3분 정도의 변론이 끝나면 그 자리에서 판가름이 난다. 재판이 끝나면 '과연 내가 한 변론이 이 판결에 어떤 영향을 미쳤을까?'라는 자괴감이 들기도 한다.

그렇다고 소년사건 변호인이 보호소년에게 "내가 해줄 일은 별로 없어. 판사님이 알아서 판단해줄 거야"라고 할 수는 없다. 최소한 그 순간 그 소년에게 가장 절실한 이는 바로 자신의 옆에 있는 변호사이기 때문이다.

그래서 그저 그의 이야기를 잘 들어주는 것이 변호인으로서 할 수 있는 거의 모든 일인 때가 많다. 그들의 이야기를 듣다 보면 여러 모순된 일들이 생겨난다. 폭력에 노출된 청소년일수록 비행청소년이 될 확률이 높다는 것이다. 그들에게서 부모로부터의 폭력, 또래로부터의 폭력, 선배로부터의 폭력 등 다양한 폭력의 경험이 목격된다. 일상적인 폭력에 오랫동안 노출되다 보니 이에 무감각해지고, 오히려 그러한 폭력성을 학습해 더 큰 폭력을 자행하는 것이다.

청소년은 우리 사회 가장 밑바닥에 위치한 약자다. 그

들은 법의 보호 밖에 놓인 존재다. 신체적, 경제적으로도 자립이 어렵다. 어떤 청소년들은 수습생, 현장실습생이라는 명목으로 최저임금도 보장받지 못한 채 젊음을 착취당한다. 우리 사회가 이들을 적극적으로 보호하지 않는다면 청소년은 일상적 폭력에 노출될 위험성이 크다. 잊을 만하면 발생하는 아동학대사건은 약자인 이들이 보호의 사각지대에 노출될 경우 어떠한 끔찍한 결과를 가져오는지를 여실히 보여준다. 그런데 보호의 사각지대를 드러내는 곳이 보호의 최전선이어야 할 가정이라는 점이 문제다.

대부분의 청소년이 직간접적으로 일상적 폭력에 노출되어 있다. 그러니 세심한 치유와 회복이 동반되지 않는다면 폭력의 기억은 왜곡되어 다시 그들에게 돌아올 것이다. 모든 위기청소년 뒤에는 위기 가정과 위기 사회가 있다. 사회와 가정이 안정적이라면 청소년도 안정적일 것이다. 이들이 안전을 보장받지 못하는 사회라면 그 누가 안전할 수 있을까.

이 책에 다소 극단적인 사례를 소개했지만 위기청소년들은 저마다의 사연을 가지고 있다. 그 사연 중에는 부모, 친구, 선배 그리고 우리 사회의 폭력이 자리 잡고 있는 경우가 많다. 피해의 경험이 가해로 이어진 것이다. 그러니 위기청소년들을 법률이 그러한 것처럼 단순히 피해자와 가해자로만 양분한 뒤 개인적인 문제로 취급해서는 안 된다. 또한 청소년을 '비행', '가해자'로 낙인찍는 것 역시 문제를 해결하는 데 바람직하지 않다. 잘못에 대한 처벌은 당연히 필요하다. 하지만 최소한의 사회적 보호망도 마련하지 않은 채 처벌만을 강요하는 것은 또다시 소년범죄를 양산할 뿐이라는 점을 명심해야 한다.

차 례

1장

그 소년을 _____ 거리로
내몬 것은
_____누구일까?

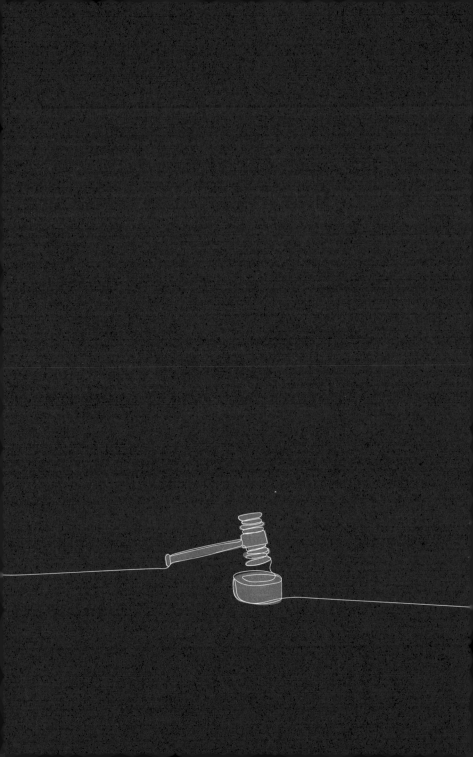

실패한 변론

"변호사님, 혜민이에요."

1년 전 헤어질 때와 딱 한마디만 달라진 인사였다.

"변호사님, 감사했습니다."

1년 만에 온 연락이었지만 반갑지 않았다. 오히려 불안했다.

내가 처음 혜민이를 변호하게 되었을 때, 혜민이의 혐의는 절도였다. 혜민이는 새벽에 주차된 차들의 문을 일일이 열어보며 골목을 돌아다녔다. 그러다 문이 잠기지 않은 차가 걸리기라도 하면 샅샅이 뒤졌다. 운이 좋으면 몇만 원 정도는 건졌다. 하지만 CCTV가 넘쳐나는 우리나라에서 혜민이의 범행이 완벽할 리 없었다. 문이 열리는 자동차를 만나는 것보다 경찰이 먼저 도착했다.

혜민이 사건은 여죄가 있었던 것도 아니고 범죄 내용이 복잡한 것도 아니었다. 그러나 간단한 사건이라도 기록은 수백 쪽에 이른다. 기록을 꼼꼼히 살펴본 뒤 혜민이를 만났다.

그런데 혜민이는 계속 다른 말만 했다. 어떤 청소년은 만나자마자 사건에 대해, 성장해온 배경에 대해, 가정에 대해 줄줄 털어놓는다. 하지만 그렇지 않은 경우가 훨씬 많다. 묵묵부답일 때도 있고 계속 다른 이야기만 할 때도 있다. 이럴 때는 시간밖에 방법이 없다. 원하는 말을 할 때까지 이런저런 이야기를 하거나, 입을 열 때까지 기다려야 한다. 혜민이는 반나절은 기다려야 마음속 이야기를 꺼낼 것 같았다. 그리고 그 예감은 정확했다.

기다림 끝에 혜민이는 자신의 가정환경에 대해, 사건에 대해 이야기하기 시작했다. 그제야 혜민이가 왜 집을 나왔는지, 거리에서 어떻게 생활했는지, 왜 자동차 털이를 하게 되었는지 알게 되었다. 그리고 그 이야기를 고스란히 의견서에 담았다.

의견서 말미에는 어떤 처분이 가장 적합한지에 대해 적는다. 혜민이 사건은 그 어느 때보다 고민이 깊었다. 보호받을 가정이 없었고 생활은 거리에서 했으며 마땅한 직업도 없었다. 다시 거리로 돌아간다면 재범에 이를 우려가 매우 컸다. 하지만 혜민이는 소년보호시설에 가기를 강하게 거부했다. 아는 언니네 집에서 함께 살기로 했다며 거리 생활도 청산할 것이라고 했다. 과연 어떤 처분이 혜민이에게 바람직한 것일까.

무엇보다도 재범의 우려가 크다는 것은 제삼자의 생각일 뿐이었다. 혜민이는 다시는 나쁜 짓을 하지 않겠다며 반성한다고 했다. 나의 역할은 혜민이의 말을 들어주고, 믿어주고, 지지해주는 것이다. 설령 혜민이가 다시 범죄를 저지른다고 해도 말이다. 도움을 얻고자 찾아간 변호사까지 자신을 의심한다면 혜민이가 기댈 곳은 이 세상 어디에도 없을 것이기 때문이다. 자신을 믿어주고 지지하는 사람이 있다는 것을 알게 되면 이 세상에 홀로 외롭게 던져진 혜민이가 더 나은 사람이 되어야겠다고 결심하게 될 수도 있지 않을까.

그렇게 수백 쪽의 기록을 검토하고 몇 시간 동안 이야기를 나눈 뒤 고민에 고민을 거듭한 끝에 최대한 관대한 처분을 원한다고 의견서를 작성해 법원에 갔다. 언제나 그렇듯 재판에 소요된 시간은 10분이 채 되지 않았다. 단기 보호관찰인 4호 처분이 떨어지고 "돌아가서 보호관찰 잘 받아야 한다"는 판사의 충고가 끝나자 혜민이와 법정 문을 열고 나왔다.

보호관찰 처분을 받은 청소년은 법정과 복도 사이에 서 있는 실무관에게 관련 절차를 수행하는 방법에 대한 설명을 5분 정도 들어야 한다. 혜민이를 기다리면서 무슨 말을 해주는 게 좋을지 생각했다. 어떤 말을 해주어야 이제 17세에 불과한 청소년이 우리 사회에서 당당하게 살아가는 데 도움이 될까. 5분 남짓이었지만 수백 마디의 말이 머릿속을 스쳐지나갔다. 하지만 그 고민들은 쓸데없는 것이 되었다.

"변호사님, 감사했습니다."

혜민이는 그 말 한마디를 남긴 채 뒤도 돌아보지 않고 가버렸다. 그런 혜민이의 뒷모습을 보면서 5분간 생각했던 수백 마디의 말을 나 혼자 되뇌었다. 혜민이가 두 번 다시 법정에 서는 일이 없기를 바라면서.

그렇게 헤어진 혜민이에게서 1년 만에 연락이 온 것이었다. "변호사님, 혜민이에요"라는 한마디에 그때의 나의 바람이 이루어지지 못했다는 것을 직감했다.

혜민이의 죄명은 이번에도 절도였다. 법원에서 나온 혜민이는 아는 언니의 자취방에 들어갔다고 한다. 아르바이트를 해서 월세도 나누어 내고 음식도 해먹으며 살았던 것 같았다. 하지만 아무리 쪽방이라고 해도 청소년들이 감당하기엔 버거운 월세를 내야 했다. 1~2개월 밀리기 시작한 월세가 3~4개월로 불어나고 얼마 되지 않은 보증금까지 바닥나자, 혜민이와 언니는 다시 거리를 배회하기 시작했다고 한다.

갈 곳이 없어진 혜민이는 찜질방으로 향했다. 씻고 한참을 잔 뒤, 곤히 잠든 손님의 머리맡에 있던 최신형 스마트폰을 들고 나왔다. 스마트폰을 중고로 팔면 적지 않은 돈을 벌 수 있었다. 그러나 곳곳에 CCTV가 있는 우리나라에서 혜민이처럼 어설픈 절도범을 잡는 일은 매우 쉽다.

다시 만난 혜민이는 말수가 눈에 띄게 줄었다. 3~4시간 농담 끝에야 겨우 자신의 이야기를 꺼내놓았던 혜민이었지만, 이번에는 30~40분 만에 입을 열었다. 그래도 만난 적이 있다고, 변론을 한 번 해주었다고 한결 수월하게 마음을 내어준 것일까.

혜민이의 의견서를 쓰면서 매번 반복되는, 하지만 매번 같은 결론에 이르는 고민에 빠졌다. 신처를 요구해야 할까, 아니면 엄벌을 요구해야 할까? 어쩌면 지금의 혜민이에게는 엄벌이 필요할 수도 있다. 그렇지만 혜민이가 1년 만에 다시 나를 찾은 것은 기회를 한 번 더 달라는 의미 아니었을까. 그런 내가 엄벌을 청한다면 혜민이는 엄청난 배신감과 분노를 느끼지 않을까. 배신감과 분노를 안고 중한 처분을 받는다면, 그것을 통해 혜민이가 교훈을 얻기는 힘들 것이다. 이번에도 의견서는 선처를 청하는 것으로 마무리했다.

개인에게만 책임을 물을 수 있을까?

모든 처벌의 최우선 목적은 재범 방지다. 이는 소년법 또한 마찬가지다. 청소년의 재비행 방지. 그것이 소년법의 최우선 목적이다. 하지만 청소년의 재비행·재범률은 매우 높다. 2019년 자료에 따르면 20세 미만 청소년의 재복역률은 45.8퍼센트였다. 전체 평균 26.6퍼센트, 두 번째로 높은 40대의 27.7퍼센트와 비교해도 2배 가까이 높은 결과다. 무엇이 청소년의 재복역률을 이토록 높인 것일까?

범죄는 범죄자 개인의 문제임과 동시에 사회적 현상이다. 그가 어떤 환경에서 성장해서 어떻게 살아가고 있는지는 범죄에 막대한 영향을 미친다. 그리고 범죄의 사회적 성격은 청소년에게서 더욱 도드라진다.

우리 사회에서 건전한 시민으로 살아가는 데 필요한 덕목을 배워가는 시기가 청소년기다. 청소년은 경험에 의지해 행동하기보다 자신을 둘러싼 환경에 영향을 받아 행동하는 경향이 크다. 그렇기에 청소년의 행동 이면에는 그의 가정이, 학교가 그리고 우리 사회가 있다.

그런데 청소년 비행에서 가장 큰 문제는 그를 둘러싼 환경이 바뀌지 않는다는 것이다. 비행을 저질러 소년원에, 범죄를 저질러 교도소에 갔다 다시 돌아와도 그를 둘러싼 환경은 그대로다. 기껏해야 준법지원센터의 보호관찰관의 연락 정도만 추가될 뿐이다. 하지만 보호관찰관 1명이 담당하는 청소년은 100~200명이나 된다. 형식적 연락과 만남 그 이상도 이하도 될 수 없는 환경이다.

처벌(분)을 받고 돌아온 청소년을 기다리는 것은 비행

을 저질렀을 때와 같은 환경이다. 환경에 큰 영향을 받는 청소년을 그곳으로 다시 돌려보낸다면 결과는 뻔하다. 평균의 2배에 가까운 45.8퍼센트의 재복역률이 그것을 방증한다. 재복역은 소년 사범 중에서도 가장 중한 비행을 저질러 소년교도소에 수감되었던 사례다. 게다가 가벼운 비행을 저질러 소년법 처분을 받은 청소년 역시 마찬가지다.

계속해서 비행을 저지르는 청소년들을 어떻게 바라보아야 할까? '처벌이 약하기 때문에 비행을 저지른다', '다시는 비행을 저지르지 않게 혼을 내야 한다', '우리 사회로부터 영원히 격리시켜야 한다'와 같은 인식이 우리 사회 다수의 시선일 것이다. 하지만 이는 청소년의 비행을 예방하는 데 결코 도움이 되지 않는다.

비행을 저지른 청소년을 비난하기 전에 그를 둘러싼 환경을 먼저 바라보아야 한다. 그리고 비행을 조장하는 환경은 우리 모두의 잘못이다. 혜민이의 사례에서도 가장 큰 문제는 혜민이가 아니라 혜민이를 돌보지 않은 가정, 가정의 돌봄을 제대로 받지 못한 혜민이를 모른 척한 어른들, 상처 입은 혜민이를 울타리 밖으로 내보낸 학교, 소년범을 잡아들이고 처벌하는 데에만 혈안이 되어 있어 이

들이 처벌받은 후에 어떻게 살아가는지에 대해서는 관심
이 전혀 없는 우리 사회에 있다.

2장

꿈마저 _____ 빼앗긴
청소년

경찰서에 끌려간 이유

민석이와 당당히 검찰청을 찾아갔다. 하지만 그 당당함은 10분을 채 넘기지 못했다. 검사가 '변호사씩이나 되어서 학생한테 이렇게 말하라고 시킨 거야?'라는 것 같았다. 변호사로서 이처럼 자존심이 상하고 부끄러운 일이 있을까? 조사를 마치고 나오자마자 민석이에게 버럭 짜증을 냈다. 의뢰인을 지나치게 믿어버리고 조금은 무능했던 나 자신의 모습을 감추기 위한 자기방어가 더 컸다.

"민석아! 최소한 나한테는 솔직히 말했어야지! 이러면 내가 너를 전혀 도와줄 수가 없잖아!"

민석이는 중고차 딜러였다. 수습 기간이어서 정식 딜러로 등록된 것은 아니었다. 5대는 팔아야 정식 딜러가 될 수 있었다.

그러던 어느 출근길에 우연히 인근의 다른 자동차 매매 단지 앞에서 서성거리는 사람들을 보았다. 중고차를 사려는 것을 직감한 민석은 곧바로 차를 세웠다.

"혹시 중고차 보러 오셨어요?"

"네, 그런데요."

"여긴 차가 별로 없어요. 제가 ○○자동차 매매 단지 딜러인데요, 거기로 가시면 싸게 잘해드릴게요."

"어…… 그래요."

"그런데 거기는 주차장이 좁으니 제 차로 이동하는 게 더 편하실 거예요. 일 다 보시면 다시 데려다드릴게요."

손님들을 태운 민석이는 한껏 들뜬 채 중고차 매매 단지로 달려갔다. 하지만 그곳에 도착한 손님들은 마음에 드는 차가 없자 이내 돌변했다. 원하는 차가 없다며 화를 내더니 급기야 경찰에 신고하겠다며 난동을 부렸다. 민석이는 연신 죄송하다고 머리를 조아리며 다시 데려다드리겠다고 했다. 그러나 그들은 경찰에 신고했다. 출동한 경찰은 손님들의 이야기를 듣더니 민석이에게 '자동차관리법 위반', '감금', '공갈미수' 혐의를 적용했다.

"경찰에서도 지금 말한 것처럼 진술한 거야?"

"네, 있는 그대로 말씀드렸어요."

"그런데도 기소 의견으로 송치한 거라고? 도대체 경찰은 수사를 어떻게 한 거야! 문제될 거 없어, 민석아. 검찰에 가서도 지금 한 이야기 그대로 하면 돼!"

민석이의 이야기를 들은 나는 경찰의 안일한 수사에 분통이 터졌다. 이제 고등학교를 갓 졸업한 청소년이 돈을 벌겠다고 열심히 일했을 뿐인데 경찰은 악의적인 손님들의 신고만 받고 민석이를 입건했다. 무죄야 당연하고 손님들을 무고 혐의로 고소하는 것까지 고려해볼 만한 사건이었다.

검찰 조사에서도 민석이는 당당하고 차분하게 진술했다. 하지만 민석이의 이야기를 듣는 검사는 시종일관 한심하다는 눈빛이었다. 그러고는 한숨을 쉬며 한마디 내뱉었다.

"무슨 시나리오 있어요? 아니, 어떻게 여기 오는 사람마다 다 똑같은 말만 해요? 우연히 손님들을 만났고, 주차장이 복잡해서 자기 차로 데려갔고, 갑자기 손님들이 이유도 없이 흥분해서 경찰에 신고했다고요?"

검사의 말을 들은 민석이는 고개를 숙였고, 나는 부끄

러움에 얼굴이 붉어졌다.

청소년 뒤에 숨은 어른들

민석이는 재민이를 따라 중고차 매매 단지에 취업했다.
재민이는 민석이보다 나이가 3년 위인 동네 형이었다. 공
익근무요원이었던 재민이는 저녁이 되면 학교 다녀온 민
석이를 데리고 동네를 어슬렁거렸다. 재민이는 옷도 잘
입었고 카리스마도 있었다. 그의 주위에는 따르는 친구들
과 후배들이 많았고 여자들에게 인기도 많았다. 민석이에
게 그런 재민이는 우상이었다.

소집해제를 한 재민이는 돈을 벌겠다며 동네를 떠났
다. 2년 만에 다시 나타난 그는 완전히 다른 사람이 되어
있었다. 말끔한 양복 차림에 헤어스타일도 단정했다. 거
기다 중형 세단까지 몰고 왔다. 이야기를 들어보니 중고
차 딜러로 취업해 큰돈을 번다고 했다.

"너도 중고차 팔아볼래?"

"형. 나도 잘할 수 있을까?"

"그럼, 한번 해봐! 내가 도와줄게!"

그렇게 민석이는 중고차 매매 단지에서 일하게 되었다. 그러나 재민이가 소개해준 사장님은 민석이를 딜러로 등록해주지 않았다. 수습 기간에는 등록하지 않고 일한다며 5대를 팔면 정식 딜러가 될 수 있다고 했다.

재민이는 아직 단골이 없는 민석이에게 손님을 소개해주겠다고 했다. 하지만 그 손님들은 허위 매물을 보고 찾아온 사람들이었다. 민석이네 회사는 홈페이지에 시가보다 50퍼센트 정도 낮은 가격에 미끼 매물을 올려놓은 뒤 연락해온 손님에게 다른 물건을 판매했다. 아쉬운 표정을 지으며 "홈페이지에 있는 매물은 조금 전에 팔렸다"고 하면 그만이었다. 그리고 손님이 가지 못하게 인근에 있는 다른 매매 단지로 유인하는 방법을 동원했다. 데려다주겠다면서 차가 없는 손님에게 계속 다른 매물을 소개했다. 그러다 1~2명이 걸리면 손쉽게 매출을 올릴 수 있었다.

하지만 허위 매물을 통한 영업은 엄연한 자동차관리법을 위반한 불법 행위다. 처벌도 2년 이하의 징역 또는 2,000만 원 이하의 벌금으로 상당히 무겁다. 그럼에도 경쟁이 치열한 중고차 매매 시장에서 허위 매물만큼 손님을 불러 모으는 데 좋은 방법도 없다. 그 때문에 사업주들은 처벌을 피하고자 민석이처럼 등록되지 않은 딜러들을 이용해 허위 매물로 사람들을 유인한다.

특히나 민석이처럼 이제 막 고등학교를 졸업한 후기 청소년(만 19~24세)은 중고차 사업주들이 가장 선호하는 연령대다. 성인들은 위험한 일을 섣불리 하려 하지 않지만, 후기 청소년들은 그렇지 않다. 특히 재민이처럼 따르는 이들이 많은 사람을 채용해 적절한 대우를 해주며 후배들을 불러오도록 하면 모집도 관리도 쉽다.

사장은 민석이에게 단속에 걸렸을 때 대처하는 방식을 알려주었다. 일러준 대로만 하면 아무 문제없을 것이라고 안심시켰다. 민석이가 변호사인 나와 검사 앞에서 당당히 말했던 그 스토리였다. 허위 매물 등록이 범죄 행위인지조차 알지 못했던 민석이는 사장의 말을 철석같이 믿었다.

하지만 민석이는 일이 좀더 꼬였다. 허위 매물에 화가 난 손님은 민석이와 다투게 되었고 약간의 실랑이가 벌어졌다. 주먹이 오가지는 않았지만 서로 멱살잡이를 했다. 상대방은 민석이에게 허위 매물 외에 폭행과 감금 혐의로 고소하겠다고 했다. 민석이가 차 안에서와 매매 단지에서 나가지 못하게 했다는 것이다.

민석이는 사장이 일러준 적 없는 돌발 상황이 일어나 자 두려움에 나를 찾아왔다. 사장이 일러준 이야기에 의심 조차 하지 않는 나를 보고 자신감이 붙었을 것이다. 그러 나 나는 처음 접해본 사건이었지만, 검사는 자동차 허위 매물 사건에 도가 튼 사람이었다. 사장이 말해준 내용은 중고차 매매 단지에서 공공연히 퍼져 있는 레퍼토리였다. 검사는 자신의 앞에만 오면 앵무새처럼 똑같은 말을 늘어 놓는 허위 매물 사범들의 머리 꼭대기에 앉아 있었다.

검사 앞에서 민석이는 허위 매물 혐의를 자백할 수밖 에 없었다. 다행히 폭행과 감금 혐의는 벗어날 수 있었다. 하지만 사장은 민석이를 보지도 못했다고 발뺌했다. 그저 직원인 재민이가 실적을 올리기 위해 독단적으로 저지른 일이라고 우겼다. 민석이도 재민이도 사장에게는 그저 일 회용품이었을 뿐이다. 다만 두 사람이 달랐던 점은 재민 이의 몸값이 좀더 나갔다는 정도였다.

돈에 눈이 멀어 청소년들이 전과자가 되든 말든 신경 쓰지 않고 일회용품처럼 쓰고 버리는 사장을 반드시 처벌하고 싶었다. 그러나 민석이는 딜러로 등록되어 있지 않았고 손님노 난지 내 휴게소와 자량 보관소에서 민석이의 안내를 받았을 뿐 사무실에는 들어가지 않았다고 진술했다. 사장은 치밀했다. 매매 계약서를 작성해야 할 때만 손님을 사무실로 데리고 오도록 교육시켰다. 사장이 민석이를 고용하고 위법 행위를 사주했다는 증거는 어디에도 없었기에 그를 처벌하기는 쉽지 않았다.

영화 〈강철중: 공공의 적 1-1〉(2008)을 보면 조폭이 청소년들을 스카우트해 훈련시킨 뒤 일회용 범죄자로 소비하는 장면이 나온다. 또 다른 영화 〈내 깡패 같은 애인〉(2010)에서도 조폭이 가장 어린 막내 조직원에게 출소하면 조직의 에이스를 시켜주겠다며 살인을 사주하는 장면이 등장한다. 두 영화에서 청소년들은 조직의 명령에 충실히 따른다. 영화적 상상력이 가미된 것이겠지만 미디어에 쉽게 노출되고 영향을 받는 청소년들을 생각한다면 좀 더 신중하게 소재를 다루어야 할 것이다.

법마다 다른 청소년의 나이

법률용어는 아니지만 현장에서는 '후기 청소년'이라는 용어가 널리 사용된다. 민법은 미성년자를 만 19세 미만까지로 규정한다. 이에 따라 청소년보호법과 같은 청소년 관련 법률 역시 대체로 청소년 연령을 만 19세까지로 규정한다. 그런데 유독 청소년기본법은 청소년을 9세부터 24세까지로 규정한다. 후기 청소년은 민법에 의하면 성인이지만 아직은 사회적으로 보호를 받을 필요가 있는 만 19세부터 24세까지 연령대를 뜻한다. 청소년기본법에 따른 분류다.

청소년기본법 제1조는 "청소년의 권리 및 책임과 가정·사회·국가·지방자치단체의 청소년에 대한 책임을" 정함을 목적으로 한다. 법률에 따라 성인인 것과 우리 사회가 청소년으로 보호해주어야 하는 것은 다른 문제다. 법률상 성인이더라도 사회 통념상 보호받아야 하는 이들이 바로 만 19~24세까지의 후기 청소년이다.

후기 청소년의 가장 큰 문제는 민법상 성인이기 때문에 법률행위에 대한 모든 책임을 온전히 져야 하는 반면 아직 그들을 어른으로 대우하지 않는 우리 사회의 인식 간 괴리에서 나타난다.

이를테면 많은 청소년이 만 19세가 되는 해의 생일, 즉 후기 청소년이 되는 순간 스마트폰 매장으로 달려간다. 그리고 가장 비싼 스마트폰을 3대 개통한 뒤 브로커에게 그대로 팔아넘긴다. 심지어 브로커가 밖에서 기다리고 있는 경우도 있다. 스마트폰을 3대 구매하는 이유는 한 번에 개통할 수 있는 최대 수량이기 때문이다.

후기 청소년은 민법상으로 성인이기 때문에 자신의 명의로 스마트폰을 개통할 수 있게 되었지만, 이는 이들을 이용한 착취다. 한 번에 비교적 고액의 수입을 얻을 수 있지만 이후 기기값 등으로 훨씬 많은 돈을 내야 하기 때문에 상식적으로는 결코 이루어질 수 없는 거래다. 자칫 잘못하면 통신사로부터 사기 혐의로 고소당할 수도 있는 위험한 거래다. 하지만 이처럼 일반인의 상식으로는 이루어질 수 없는, 밑지는 거래가 후기 청소년을 상대로 빈번히 발생하고 있다.

스마트폰 거래는 우리 사회가 후기 청소년을 악의적으로 이용하는 한 가지 사례에 불과하다. 민석이 사건 역시 권리는 있되 책임지기에는 아직 미성숙한 후기 청소년을 이용한 대표적 사례다.

3장

가난에 몸도
마음도
멍들다

왜 작업 대출 브로커가 되었을까?

혜선이의 집은 한갓진 시골이다. 타지에서 일하시는 부모님은 한 달에 1~2번 집에 오셨다. 집에는 동생과 할머니뿐이었다. 할머니는 세상에서 혜선이를 가장 예뻐하셨다. 농사일로 바쁜 와중에도 정성을 담아 하루 세끼 차려주셨다. 동생은 혜선이의 보살핌이 필요한 존재였지 같이 놀거나 의지할 수 있는 친구는 될 수 없었다. 혜선이의 일상은 학교를 마친 뒤 동네에 몇 안 되는 친구들과 산과 들로 놀러 다니는 것이 전부였다.

혜선이는 고등학교를 졸업하자마자 그동안 모은 200만 원이 조금 넘는 돈을 들고 서울로 올라왔다. 그리고 곧바로 고시원을 계약하고 아르바이트 자리를 찾았다. 성인 한 사람이 겨우 누울 정도로 작디작은 고시원이었지만 그

것만으로도 행복했다. 그렇게 1년을 살았고, 친구 같은 친한 오빠도 생겼다. 오빠는 2년 위의 남자 선배를 소개해주었다. 셋은 하루가 멀다 하고 만났다. 그러던 어느 날 오빠가 방 하나를 얻어 같이 살자고 했다. 혜선이는 가진 돈을 탈탈 털어서 보증금 1,000만 원에 월세 50만 원짜리 조그마한 반지하방을 얻었다. 오빠는 조만간에 보증금의 절반을 주겠다고 했다.

남자 선배는 매일같이 혜선이네 집에 놀러왔다. 난생처음 유흥에 빠진 혜선이는 너무나도 흥분되었다. 무엇보다 짜릿한 쾌감 같은 것이 느껴졌다. 하지만 술값의 대부분은 혜선이가 내야 했다. 오빠는 혜선이에게 먼저 결제하면 돈을 벌어 절반을 주겠다고 했다. 선배 역시 처음 몇 번은 술을 샀지만 점차 혜선이에게 계산을 하도록 했다. 자연스럽게 혜선이가 모든 계산을 하는 분위기가 되었다. 이들의 씀씀이는 점차 커졌다. 결국 혜선이의 수입으로 감당하기 어려운 상황에 이르렀다.

그러자 선배는 혜선이에게 대출을 받도록 했다. 선배는 아는 회사에서 재직증명서를 만들어왔다. 저축은행의 확인 전화도 해결해주었다. 이른바 '작업 대출'이었다. 그렇게 대출을 받으면 선배는 수수료라며 절반을 가져갔다. 그리고 나머지 절반은 어김없이 유흥비로 사용되었다. 혜선이는 저축은행 3곳에서 1,000만 원가량을 대출받았다. 선배는 매번 나중에 절반을 부담하겠다고 했다.

대출금이 1,000만 원을 넘어가자 혜선이는 불안해졌다. 그러자 선배는 개인회생을 하면 된다고 했다. 일단 빌릴 수 있는 만큼 빌리고 나중에 개인회생을 하면 모든 빚이 없어진다고 했다. 그 말을 믿은 혜선이는 계속해서 빚을 지기 시작했다. 선배는 더는 대출받기 어려워지자 혜선이를 데리고 스마트폰 대리점에 갔다. 순식간에 혜선이의 이름으로 최고가 스마트폰을 3대나 개통했다. 스마트폰은 선배가 고스란히 가져갔다. 선배는 수고했다며 혜선이에게 30만 원을 쥐여주었다. 물론 300만 원이 넘는 기기값은 다달이 혜선이에게 청구되었다. 그뿐만이 아니었다. 선배는 집에 인터넷을 신청한 뒤 사은품으로 받은 상품권 20만 원을 가져갔다. 300만 원이 넘는 벽걸이 TV를 혜선이 이름으로 렌털하고 곧바로 중고로 팔기도 했다.

어느덧 혜선이의 빚은 6,000만 원이 넘어갔다. 혜선이가 사태의 심각성을 인지하게 된 것은 렌털 회사로부터 형사 고발을 당하면서였다. 렌털 회사는 렌트비가 입금되지 않자 곧바로 혜선이를 사기 혐의로 고발했다. 경찰의 연락을 받은 혜선이는 너무나도 놀라 선배에게 전화를 했다. 하지만 선배는 별일 아니니 걱정 말라고 했다.

그날 저녁 혜선이는 오빠와 크게 다투었다. 선배를 소개해준 것도, 대출을 받으라며 옆에서 부추긴 것도 오빠였다. 매번 "내가 나중에 절반은 부담할게"라며 안심시킨 것도 오빠였다. 하지만 오빠는 혜선이의 빚이 6,000만 원이 넘어갈 때까지 단 한 번도 돈을 주지 않았다. 심지어 50만 원씩 꼬박꼬박 나가는 월세마저도 혜선이가 온전히 부담하고 있었다.

다음 날 두 사람을 만난 혜선이는 어떻게 할 거냐고 따져 물었다. 그러자 여태까지 한없이 자상했던 선배가 불같이 화를 내기 시작했다.

"네가 진 빚을 왜 나한테 말해!"

"개인회생하면 된다면서, 아무 걱정하지 말라며?"

"야, 내가 50만 원 줄 테니까 당장 변호사 사무실 찾아가서 개인회생 신청해. 개인회생하면 형사 고발도 다 해결돼! 별것도 아닌 일로 사람을 오라 가라 하고 있어."

혜선이는 한마디 대꾸도 못 하고 수천만 원을 가져간 선배에게 고작 50만 원을 받고는 변호사 사무실을 찾아 갔다. 혜선이의 기대와 달리 변호사는 대부분의 빚이 최근에 대출받은 것이기 때문에 개인회생이 어려울 것이라고 했다. 더욱이 개인회생을 진행하는 데 50만 원은 턱없이 부족했다.

혜선이는 다시 선배를 찾아갔다. 따진다고 해결될 문제가 아님을 알았지만 선배를 찾는 것 말고는 할 수 있는 일이 없었다. 그런데 선배는 혜선이에게 의외의 제안을 했다. 작업 대출을 받을 만한 친구를 소개하라는 것이었다. 그리고 친구를 소개해주면 수수료의 10퍼센트를 주겠다고 했다. 혜선이는 작업 대출이 얼마나 쉽게 이루어지는지 누구보다 잘 알고 있었다. 저축은행 몇 군데만 돌아도 1,000만 원은 거뜬했다. 1,000만 원이면 수수료가 500만 원이었다. 여기에 10퍼센트면 50만 원이었다. 1명을 소개할 때마다 최소 50만 원은 벌 수 있다는 계산이 나왔다.

신용불량자와 개인회생

혜선이는 서울 생활을 하면서 알게 된 친구들에게 연락을 돌렸다. 돈이 필요하지 않느냐면서 대출을 받을 수 있게 해주겠다고, 나중에 아는 선배가 개인회생까지 알아서 해줄 것이라고 했다. 그렇게 친구 3명을 선배에게 소개해주었다. 그리고 전에는 3명이서 유흥을 즐겼다면 이제는 6명이 어울리면서 돈을 썼다. 친구들의 빚은 늘어났고 혜선이는 선배에게 소개비 명목으로 돈을 받았다. 친구들에게 미안함 같은 것은 없었다. 얼마 지나지 않아 그 친구들도 혜선이와 비슷한 상황에 처하게 되었다. 싸움이 오갔고 혜선이는 모든 연락을 끊었다.

한편 혜선이는 선배에게 받는 돈으로는 6,000만 원에 달하는 빚을 갚을 수 없었다. 경찰조사도 받아야 했고 이자에 이자가 붙으면서 빚이 눈덩이처럼 불어나는 것이 눈에 보였다. 빚은 아르바이트비로는 감당할 수 없는 수준에 이르렀다. 도망칠 수 없음을 알고 삶을 포기할까 하는 생각까지 미쳤을 때 친구들이 떠올랐다. 하지만 시간을 되돌리기에도, 사과를 하기에도 너무 늦어버린 뒤였다.

다행히 혜선이는 한 청소년단체의 지원을 받게 되었다. 안정적인 아르바이트 자리도 얻었다. 급여는 압류가 금지되는 한도인 185만 원이었다. 혜선이는 매달 월급이 들어오면 현금으로 인출했다. 단체는 혜선이에게 3년 동안 아르바이트를 하면서 매월 50만 원씩 단체 계좌에 입금하는 방식으로 저금을 하면 같은 금액을 지원해주겠다고 했다. 이와 같은 방식으로 지원을 받는 청소년들이 혜선이 외에도 3~4명 있었다. 50만 원씩 3년이면 1,800만 원이 된다. 그리고 3년 동안 약속을 지키면 같은 금액을 지원받으니 3,600만 원의 목돈을 마련할 수 있을 것이다.

동시에 혜선이는 매월 30만 원씩 빚을 갚기 시작했다. 이자조차 되지 않는 돈이었지만 조금씩이라도 빚을 갚아야 마음의 짐을 덜 수 있을 것 같았다. 3년 후에 3,600만 원이 생기면 빚을 일부 갚고 나머지 대출금은 개인회생을 신청하겠다는 계획을 세웠다. 이렇게 혜선이는 50만 원은 저금하고, 30만 원은 빚을 갚으며 한 달에 105만 원으로 생활하고 있다.

혜선이의 사례처럼 후기 청소년을 상대로 한 불법 대출 사건이 끊이지 않고 있다. 이들의 신용도를 담보로 한

온갖 사건이 발생한다. 이러한 사건의 끝은 엄청난 빚을 떠안은 신용불량자의 삶이다. 그 끝이 뻔히 보이는 길임에도 많은 청소년이 이 길을 터벅터벅 걸어가는 이유는 무엇일까. 혜선이의 선배가 말한 것처럼, 개인회생제도도 그 원인 중 중요한 한 가지다.

개인회생은 최대한의 노력으로 갚을 수 있는 만큼 갚으면 나머지는 면책해주는 제도다. 3년 동안 진행되는 개인회생 변제 기간은 고통의 연속이다. 최저생계비를 제외한 모든 수입으로 빚을 갚아나가야 한다. 그렇게 3년을 버텨야 비로소 나머지 빚을 탕감받을 수 있다. 성인도 버티기 어려운 과정이다. 그 때문에 법원이 지정해준 계획대로 빚을 갚아나가지 못해 개인회생이 취소되는 이들이 허다하다. 하물며 이제 갓 사회에 발을 디딘 청소년에게 개인회생은 감당하기 어려운 길이다.

이뿐만이 아니다. 개인회생을 이용하기 위해서는 고정 수입이 있어야 한다. 3년 동안 매달 예상되는 수입이 있어야 갚아나갈 변제액이 결정된다. 하지만 사회에 첫발을 내딛자마자 빚더미에 올라앉은 청소년이 고정 수입을 얻을 수 있는 일자리를 찾기란 쉬운 일이 아니다. 어렵사

리 직장을 구한다고 해도 3년의 기간을 채우지 못하고 실직을 하면 개인회생 기회를 상실하기 십상이다.

그런데도 청소년을 자신들의 돈벌이에 이용하려는 성인들은 마치 개인회생이 모든 빚을 없애주는 희년禧年이라도 되는 것처럼 유혹한다. "괜찮아. 나중에 개인회생으로 한 번에 정리하면 돼"라는 무책임한 말에 많은 청소년이 신용불량자로 전락하고 있다.

사채의 늪에 빠지다

최근에는 중고등학생들 사이에서 불법 사채가 성행하고 있다. 이른바 '댈입'으로, 주로 아이돌 MD나 콘서트 티켓, 혹은 게임 아이템을 구입하기 위해 급전이 필요한 청소년들에게 카카오톡 오픈채팅이나 SNS로 접근해 10만 원 이하의 소액을 고금리로 빌려주는 행위를 말한다. 문제는 지금으로서는 이들을 보호할 수 있는 법적 장치가 없어 이들이 불법 금융시장에 방치되어 있다는 점이다.

대리 입금 업자들은 10만 원 안팎의 금액을 짧게는 하루, 길게는 일주일 정도 빌려준 뒤 원금의 50퍼센트 정도의 이자와 함께 받는다. 그리고 상환 날짜를 어기면 '수고비', '사례비', '지각비'라는 온갖 이유를 늘어대며 하루마다 혹은 시간 단위로 돈을 더 받는다. 이 때문에 돈을 갚지 못한 청소년들은 또 다른 업자에게 돈을 빌린 뒤 이전 대출금을 갚는다. 이른바 돌려 막기다. 금융 지식이 부족한 청소년들은 자기도 모르는 사이에 이렇게 댈입이라는 불법 사채 늪에 빠지게 된다.

청소년들은 이 같은 방식이 불법인 것을 알면서도 쉽게 신고를 하지 못한다. 왜냐하면 업자들이 돈을 빌려줄 때 이름, 나이, 전화번호, 신분증(학생증) 등을 요구하는데, 청소년들이 돈을 제때 갚지 않으면 개인정보를 무단으로 SNS에 게재할 뿐 아니라 욕설과 협박 문자와 전화를 수십 통에서 수백 통 하는 등 불법추심을 일삼기 때문이다. 이 때문에 행여 무슨 해코지라도 당할까, 부모님이나 친구들에게 알려질까 하여 신고를 못하는 것이다. 더 심각한 문제는 이 업자들이 개인정보를 빌미로 협박한 뒤 디지털성범죄를 자행한다는 점이다. 게다가 학교 선배나 친구에게 협박당해 어쩔 수 없이 댈입을 하는 경우도 있다. 그래서 경찰은 댈입이 디지털시대에 등장한 새로운 형태

의 학교폭력, 성폭력이라고 간주하고 이에 대한 대응책을
마련하고 있다.

4장

누구를_____위한 법인가?

성범죄의 통로가 된 채팅 앱

한국의 성매매 시장은 세계 6위라고 한다. 미국의 암시장 전문 조사업체인 하보스코프Havocscope가 2015년에 발표한 자료에 따르면 한국 성매매 시장의 규모는 연간 120억 달러, 한화로 약 12조 9,000억 원에 달한다고 한다. 중국, 스페인, 일본, 독일, 미국 다음으로 큰 시장인데, 5위인 미국보다 3조 원가량 적고 7위인 인도보다는 3조 원가량 큰 규모다.

물론 성매매 산업은 지하경제이기 때문에 정확한 수치를 측정하는 데 한계가 있다. 이 때문에 조사하는 기관에 따라 시장규모가 제각각이지만, 보수적으로 산출하는 데이터에 따르더라도 연간 약 6조 원에 달하는 것으로 나타난다. 12조 9,000억 원이면 성매매 종사자 1인당 연봉을 5,000만 원이라 계산해도 대략 25만 8,000명이 종사해야 산출할 수 있는 규모다. 아무리 성매매 산업이 발달했다고 해도 믿기 어렵다는 사람도 있을 것이다. 하지만 한국의 성매매 현황을 조금만 들여다본다면 마냥 수긍하기 어려운 것도 아니다.

한편 스마트폰은 성매매 시장의 판도를 바꾸어놓았다. 랜덤 채팅 앱은 시간과 장소와 나이의 제한 없이 언제, 어디서, 누구와 어떠한 대화도 나눌 수 있도록 만들어주었다. 물론 여기에는 성매매 광고와 흥정도 포함된다. 성매매에 다가서는 문턱이 낮아지다 보니 이에 접근하는 이들의 나이도 자연스레 낮아지고 있다. 어느새 청소년들 사이에서 성매매는 어렵지 않게 목격할 수 있는 풍경이 되어버렸다. 이전에는 가출 청소년들이 성매매 범죄 유혹에 쉽게 넘어갔지만, 최근에는 앱을 통해 누구나 접근이 가능해졌다. 이러한 앱이 청소년 성매매 범죄를 조장한다고 해도 과장이 아니다.

청소년에게 채팅 앱을 통한 성매매는 거의 절대적 수준이었다. 2016년 국가인권위원회의 '아동·청소년 성매매 환경 및 인권 실태 조사'에 의하면 성매매에 가장 많이 이용된 경로는 채팅 앱이 1위(59.2퍼센트)였고 인터넷 카페와 채팅이 2위(27.2퍼센트)로 인터넷을 통한 성매매가 90퍼센트 가까이 차지했다. 게다가 2021년 여성가족부와 한국여성인권진흥원이 발표한 '성매매 피해 아동·청소년 지원센터' 운영 연차 보고서에 따르면, 성 착취 피해 아동·청소년 절반은 채팅 앱을 통해 범죄의 타깃이 되었고, 대부분은 14~16세였으며, 그루밍을 통한 성 착취 범죄가 가장 많았다.

앱스토어에서 채팅으로 검색을 하면 앱 수십 개가 나온다. 기본적으로 이 앱들은 지역 설정 기능이 탑재되어 있다. 이러한 기능은 오프라인 만남을 전제한다. 온라인상의 대화만을 고려한다면 가까운 거리의 사람을 찾을 필요가 없기 때문이다.

많은 채팅 앱이 청소년 성 착취 수단으로 매우 활발히 사용된다. 앱에 가입하기 위해서는 연령대를 선택해야 하는데, 미성년자를 선택할 수 없게 되어 있다. 하지만 검증 절차가 없기 때문에 나이를 속여서 가입할 수 있다. 그럼에도 이러한 옵션을 둔 것은 미성년자 성 착취 알선 혐의에서 벗어나기 위함이다.

우리 사회는 청소년 성 착취를 조장하면서 동시에 그들을 처벌하는 모순을 가지고 있다. 이러한 채팅 앱들은 제도적으로 충분히 막을 수 있다. 미성년자의 접근을 차단하거나 대화 내용을 필터링하는 것만으로도 응징적 효과를 얻을 수 있다. 그러나 우리는 그러한 제재조차 하지 않으면서, 가해자가 아닌 피해자가 '자발적으로' 성매매에 가담함으로써 성범죄가 발생할 빌미를 제공했다는 식으로 피해자에게 2차 가해를 가한다.

외국의 사례를 보면 아동·청소년 성매매 사건은 철저히 피해자 중심에서 다룰 뿐 아니라 그들을 적극적으로 보호하는 데 중점을 두고 있다. 특히 18세 미만의 성매매 청소년은 성 착취 피해자로 간주해 형사처분은 물론이거니와 보호처분 또한 내리지 않는다. 대표적으로 스웨덴은 성매매 사건에서 아동과 여성은 남성의 폭력과 억압의 희생자로 간주해 성 매수자들만을 처벌한다. 그러니 우리도 성적 가치관이 제대로 자리 잡지 않은 아동·청소년에 대한 성매매는 성 구매자에 의한 성 착취 범죄일 뿐이라는 인식 제고를 위해 노력해야 할 것이다.

15년 만에 드러난 아동성범죄

현미도 그런 '피해자' 중 하나였다. 현미를 처음 알게 된 것은 청소년상담복지센터를 통해서였다. 평소 청소년 사례 관리로 알고 지내던 상담사에게서 전화가 왔다. 상담사가 좋은 일로 나를 찾는 경우는 없다. 그 때문에 수화기 너머 들려오는 그들의 목소리에는 언제나 우울함이 묻어 있다. 하지만 그날, 스마트폰 스피커를 통해 들려오는 그의 목소리에서는 우울함을 넘어 고통스러움이 느껴졌다.

현미는 랜덤 채팅 앱으로 대상을 찾고 있었다. 그런 현미에게 누군가가 접근했고 두 사람은 조건이 맞아 만날 시간과 장소를 정했다. 현미는 그가 원하는 걸 응해주기만 하면 10만 원을 쥘 수 있을 것이라고 생각했다. 시간에 맞춰 약속 장소에 나갔지만 그곳에서 현미를 기다리고 있던 사람은 성 매수자가 아닌 경찰이었다. 앱을 통한 성 착취 범죄가 성행하자 경찰이 성 매수자로 위장해 단속에 나섰던 것이다.

경찰은 현미의 스마트폰을 압수한 뒤 통화 기록과 메시지 내역을 조사하고 채팅 기록을 복원했다. 그렇게 해서 현미의 성을 매수한 성인 남성 수십 명을 찾아냈다. 그들은 모두 '아동·청소년의 성보호에 관한 법률(아청법)' 위반으로 처벌받았을 것이다. 미성년자의 성을 매수한 그들은 처벌받아야 마땅했다.

성매매가 적발되면 성 매수자의 처벌은 당연하지만 동시에 성 판매자도 처벌을 받는다. 여전히 논란이지만 우리나라에서 성매매는 엄연한 불법이기 때문이다. 하지만 청소년이 성매매를 하다 적발되면 처벌하지 않는다. 그 대신 소년법에 따른 보호처분을 내린다. 그동안 아청법은 성매매 피해 대상이 된 아동·청소년을 자발적인 경우와 비자발적인 경우로 구분했다. 자발적인 경우에는 성매매 피해 아동·청소년이 아닌 '대상 아동·청소년'이라 칭하며 소년법상 보호처분을 할 수 있도록 규정했다. 즉 이 경우에는 아동·청소년이 '성적자기결정권'을 행사해 성매매를 했다고 보는 것이다. 보호처분이 형사처벌은 아니라고 할지라도 이들을 피해자가 아닌 범죄자로 규정·취급하는 것은 똑같다.

다행히 지난 2020년 청소년보호법에 큰 변화가 있었다. '대상 아동·청소년'이라는 문구 대신에 '성매매 피해 아동·청소년'이라는 용어를 도입한 것이다. 물론 일부 관련 기관에서는 성매매라는 용어 대신에 성 착취라는 말을 써야 한다고 주장한다. '매매'라는 단어로 인해 피해 아동·청소년이 스스로 성을 팔았다는 인식을 줄 수 있다고 말이다. 나도 이러한 주장에는 공감한다. 우리 사회가, 어른들이 아이들을 보호하지 못한 책임을 피해 아동·청소년에게 전가해서는 안 된다.

어쨌거나 현미 역시 성 판매자였기에 처벌을 면할 수는 없었다. 다만 미성년자였기에 가까스로 형사처벌만은 피할 수 있었다. 그 대신에 재판에서 수강·상담 명령을 받아 의무 상담 시간을 채우기 위해 청소년상담복지센터를 방문해야 했다.

현미는 그저 재수가 없다고 생각했다. 하지만 시수를 채우지 않으면 처분이 변경되어 시설이나 심할 경우 소년원에 갈 수도 있다는 말에 청소년상담복지센터는 정해진 시간에 꼬박꼬박 찾았다. 부과된 시간을 빨리 채우자는 생각밖에 없던 현미는 상담사 앞에 앉아 그저 시간만 보냈다.

그러나 상담사는 그렇지 않았다. 무엇이 되었든 현미

의 이야기를 끄집어내고자 했다. 피담자가 입을 열지 않으면 상담은 진행할 수 없다. 게다가 성범죄에 연루된 청소년들은 대부분 저마다의 사연 하나씩은 가슴에 품고 있기마련이었다. 상담사는 그런 청소년들을 시간만 때워 보내고 싶지 않았다. 물론 상담사가 아무리 노력을 한다고 해도 결국 시간만 때우고 가는 청소년들이 부지기수다.

그렇게 상담 시수를 모두 채워갈 즈음 현미가 가슴속에 담아둔 이야기를 꺼내기 시작했다. 상담사의 진심이느껴졌기 때문이었을 것이다. 그리고 가슴속에 묻어둔 그사연이 너무나도 무거워 현미 자신도 모든 걸 털어놓고자유로워지고 싶었을 것이다. 그 사연은 너무나도 충격적이었다.

현미는 한부모가정에서 자랐다. 여자 혼자서 가계를책임지기 버거웠던 현미 어머니는 어린 현미를 돌볼 여력이 없었다. 다행히 현미를 돌봐주겠다는 지인 부부가 있었다. 현미 어머니는 다달이 얼마간의 돈을 주고 그들에게 현미를 맡겼다. 그렇게 현미는 3세 때부터 그 부부와살기 시작했다. 현미 어머니는 한 달에 1~2번 현미를 찾았다. 간혹 주말에 현미를 데려가기도 했지만, 대부분은 몇 시간의 만남으로 만족해야 했다. 그렇게 현미는 그 부부와 초등학교 2학년 때까지 살았다.

창 너머 뉘엿뉘엿 지는 해가 구름과 함께 아름다운 노을을 만들어내던 어느 날, 지나가던 발걸음도 멈추어 넋을 놓고 바라볼 그 풍경이 현미에게는 다시 보고 싶지 않은 악몽으로 남았다.

아주머니는 사업을 했고 아저씨는 특별한 직업 없이 아주머니가 필요할 때마다 운전기사 노릇을 했다. 그러다 보니 낮 동안에는 대부분 아저씨와 현미 둘만 있었다. 현미가 그 집에 들어간 지 얼마 되지 않아 아저씨가 현미를 강간했다. 현미는 온몸이 얼어붙었고 처음에는 무슨 일이 일어났는지 알아차리지도 못했다. 그나마 다행인 것은 그 이후 같은 일은 없었다고 한다. 물론 횟수는 중요하지 않다. 중요한 것은 일어나서는 안 될 끔찍한 일이 일어났다는 것이다.

하지만 10여 년도 전에 일어난 일이었기 때문에 증거를 찾을 수 있다는 기대는 애당초 하지 않았다. 증거는 현미의 증언뿐이었다.

"혹시 그때가 언제쯤인지 기억나니? 계절이라든지."

"7~8월 정도였던 것 같아요."

"시간은? 시간도 기억나니?"

"저녁이었어요. 한 6~7시 정도였을 거예요."

성폭력 사건에서는 피해자의 진술이 매우 중요하다. 특히나 피해자 진술 외에 별다른 증거가 없는 사건일수록 더욱 그렇다. 그러나 피해자가 끔찍했던 범행 상황을 정확하게 진술하기란 쉽지 않다. 그러다 보니 오히려 진술에 모순이 생길 수 있다. 가해자 측은 이러한 모순을 결코 그냥 넘어가지 않는다. 작은 모순이라도 발견되면 끝까지 물고 늘어진다. 이를 통해 피해자의 진술 전체를 거짓으로 몰아가고, 그러한 전략이 먹혀들기 시작하면 사건은 그대로 끝나버린다.

그러나 현미는 유년기의 일을 또렷하게 기억하고 있었다. 현미의 입에서 한마디 한마디가 나올 때마다 나는 가만히 들어주는 것 말고는 해줄 수 있는 게 아무것도 없었다.

"아저씨가 반바지를 입고 있었어요. 그리고 상당히 더웠지만 초여름은 아니었어요. 저를 낮은 책상 위에 올려놓고 그 짓을 했는데 고개를 왼쪽으로 돌렸더니 창밖에 노을이 보였어요. 초저녁 같았어요."

아무리 많은 시간이 흐른다고 해도 가슴속에 담아두고 끙끙 앓아온 기억이 지워질 리 만무했다. 현미는 그날의 기억을, 그날의 풍경을 오롯이 마음속에 새겨두고 있었다.

현미의 영혼을 갉아먹는 고통의 원인을 알게 된 순간 나는 또 다른 고민에 빠지고 말았다. 기소 가능성이 없었다. 가해자는 당연히 범행을 부인할 것이다. 현미의 진술이 아무리 일관된다고 해도 피해자 진술만으로 10여 년 전 사건을 기소하는 것은 불가능에 가깝다. 고소하는 것이야 어려울 것 없지만, 결국 가해자가 처벌받지 않는다면 현미의 상처를 후벼 파는 꼴이 되지 않을까 하는 생각이 들었다. 더군다나 성범죄 수사 과정은 성인도 견디기 힘들 만큼 고통스럽다. 그렇다고 어쭙잖게 내가 나설 문제는 아니었다. 가슴은 아팠지만 결정은 현미의 몫이었다.

"그런데 현미야, 그 아저씨를 고소해도 처벌하지 못할 수 있을 것 같아. 10년도 훌쩍 지나서 증거도 찾기 어려울 것 같고. 게다가 그 아저씨를 찾을 수 있을지도 미지수고. 만약 그 아저씨를 찾았는데, 그 아저씨가 아무런 처벌도 받지 않는다면 네가 너무 힘들지 않겠니?"

하지만 현미는 피하지 않았다. 그동안 자신을 괴롭혀 온 그날의 기억에서 벗어나고 싶어 했다.

"중학교 때 절친이 있었는데, 가끔 그 친구네 집에서 자고는 했어요. 그 애에게 말한 적 있어요. 그 이후론 누구에게도 말하지 않았어요. 엄마한테도요. 정말 어렵게 꺼낸 이야기예요. 이렇게 변호사님까지 찾아왔는데, 고소라도 해보고 싶어요."

곧 눈물을 흘릴 것 같은 현미 앞에서 나는 순간 기쁨의 웃음이 났다. 현미가 생각보다 강인하다는 것이 기쁘기도 했지만 정작 나를 기쁘게 한 것은 따로 있었다. 현미가 말한 중학교 친구였다. 현미는 다행히도 중학교 단짝에게 그 사실을 털어놓았다. 그렇다면 그 친구의 진술 역시 증거가 될 수 있다. 비록 간접증거이기에 증명력은 떨어지겠지만 피해자 진술 하나에 의존하는 것보다는 훨씬 좋은 상황이었다.

공소시효가 지났다

고소장을 작성해 현미와 함께 경찰서에 갔다. 경찰의 적극적인 협조가 간절한 사건이었다. 우선 가해자를 찾아내는 것부터 난관이 예상되었다. 게다가 중학교 친구도 찾아야 했다. 다행히 경찰은 매우 협조적이었다. 현미의 기억에 따라 주소지를 특정했고 이를 기반으로 당시 거주자를 찾아냈다. 현미의 친구는 학교에 남아 있는 자료를 통해 비교적 수월하게 찾을 수 있었다. 다행히도 그 친구는 현미가 털어놓은 그때의 일을 기억하고 있었다. 기꺼이 진술서를 써주었고 필요하다면 법원에 출석하겠다고 약속했다.

가해자가 누군지 알아냈고 피해자 진술 외 증거도 확보했다. 그럼에도 불안했다. 가해자가 잡아떼면 어쩔 도리가 없었다. 경찰에게 거짓말탐지기라도 사용해보자고 했다. 거짓말탐지기 결과가 핵심적 증거는 될 수 없겠지만, 그래도 가해자를 압박하는 수단은 될 수 있기 때문이다.

그런데 하늘이 도왔는지 일이 너무나도 쉽게 풀렸다. 가해자는 현미와 친구의 진술을 듣자 순순히 자백했다.

아마도 공소시효가 지났을 거라 생각해서였을 것이다. 하지만 미성년자에 대한 성범죄는 피해자가 성년이 될 때까지 공소시효가 중단된다. 아직 공소시효는 충분했다. 공소시효가 남았음을 알려주고 본격적으로 조사를 시작하자 가해자는 이내 말을 바꾸었다. 몸을 더듬은 적은 있지만 강간은 하지 않았다는 것이다. 이미 꺼내놓은 진술을 주워 담을 수는 없을 것 같으니 사건이라도 축소시키려는 심산이었다. 가해자는 강간만은 끝까지 부인했지만 경찰은 강간 혐의로 검찰에 송치했다.

때로는 멍청한 것이 도움이 되기도 한다. 미성년자 성폭력에 대한 공소시효 중단 특칙은 2010년 4월 제정, 시행되었다. 특칙은 제정 당시 공소시효가 중단되지 않은 사건, 즉 아직 공소시효가 남아 있는 사건도 적용 대상으로 한다. 2010년 제정 당시에 공소시효가 단 하루라도 남아 있다면 피해자가 성년이 될 때까지 공소시효가 중단되는 것이다.

현미는 강간을 당했고 아동·청소년에 대한 강간의 형량은 '무기징역 또는 5년 이상의 유기징역'이었다. 이에 대한 공소시효 기간은 15년이었다. 2010년 당시 당연히 공소시효가 남아 있었다. 그러나 나는 형법 공소시효 규정이 2007년 개정되었다는 것까지 미처 확인하지 못했다. 게다가 2007년 아청법은 미성년자에 대한 강간의 형량을 '5년 이상 유기징역'으로만 규정하고 있었다. 2007년 개정 전 '5년 이상 유기징역' 형의 공소시효는 7년이었다.

현미가 강간을 당한 시기는 2000년 6~7월이었다. 따라서 2007년 6~7월로 공소시효가 만료된 것이다. 공소시효 규정은 2007년 12월에 개정되었다. 당연히 2010년에 제정된 미성년자 성폭력 사건에 대한 공소시효 정지 특칙도 적용될 수 없었다. 부끄럽게도 변호사인 나는 그 사실을 몰랐다. 담당 검사의 전화를 받기 전까지는.

"변호사님, 이현미 사건 공소시효 지난 거 알고 계시죠?"

"네? 미성년자 강간 사건은 피해자가 성년이 될 때까지 공소시효가 중단되지 않나요?"

"해당 특칙이 2010년에 생겼는데요, 이현미 사건은 2000년에 발생했어요. 그리고 그때 아청법상 강간은 5년 이상 유기징역이라서요. 공소시효 중단이 소급 적용되지 않을 것 같네요."

변호사가 되어서 공소시효 하나 계산하지 못하고 일을 벌인 것이 너무나도 부끄러웠다. 경찰이야 변호사가 너무나도 당당하게 주장하니 의심하지도 않았을 것이다. 도대체 현미에게 누어라 설명해야 하나? 있는 그대로 현미에게 자초지종을 설명하고 나의 부족함을 사과한 뒤 합의를 권했다. 공소시효가 지났기 때문에 공소권 없음으로 끝날 사건이었다. 가해자를 찾았고, 비록 강제추행 혐의만 인정했지만 그래도 일부나마 진실을 밝힐 수 있었다. 현미가 원하던 대로 가해자를 처벌할 수는 없었지만 가슴 속에 맺혔던 응어리를 조금이나마 풀어내고 앞으로 나아갈 수 있기를 바랐다.

현미는 공소시효를 계산하지 못한 나에 대한 원망은 커녕 흔쾌히 합의에 동의했다. 고마우면서도 무척이나 미안했다. 검사에게 시간을 달라고 요청한 뒤 가해자에게 합의 의사를 밝혔다. 가해자는 합의에 적극적으로 나섰다. 합의는 나 혼자 진행했다. 고소를 시작할 때는 얼굴을 보고 따지고 싶다던 현미였지만 막상 자신을 강간한 사람을 다시 마주해야 하는 순간이 오자 주저했다.

합의하기 위해 가해자를 만났을 때 흠칫 놀랐다. 가해자의 덩치가 너무나도 컸다. 키도 185센티미터는 족히 될 것 같았다. 그 어린 현미에게는 얼마나 크게 보였을까. 또 얼마나 무서웠을까. 현미의 상처에 비하면 푼돈이겠지만 그래도 현미가 새로운 삶을 살아가는 데 조금이나마 도움이 될 수 있는 정도의 합의금을 받아냈다.

"결국 그 아저씨를 처벌하지는 못했네."

"아니에요. 이 정도만으로도 충분해요. 다시 찾아냈고, 자백도 받았고, 합의금도 받았잖아요."

"그래. 큰돈은 아니지만 지금이라도 어떻게 쓸지 생각은 해봤어? 공부 다시 시작해볼래?"

"공부는 싫어요. 네일아트 배우고 싶었는데, 그거 할래요. 네일아트 배워서 빨리 돈 벌고 싶어요."

"그래? 나중에 네일아티스트가 되면 내 손톱도 꼭 손질해줘야 한다."

엉겁결에 내뱉은 말이기는 했지만 진담이었다. 네일숍 테이블에 앉아 일하는 현미의 모습을 보고 싶었다. '피해자다움'을 강요하는 우리 사회에서 성폭력 피해자가 잘 먹고 잘 살 수 있다는 것을 보고 싶었다. 움츠리고 자신이 지은 죄를 언제 들킬지 몰라 전전긍긍해야 하는 건 오히려 가해자여야 하니까. 현미를 처음 만났던 때로부터 벌써 4년이 지났다. 법원에서 나온 뒤로 현미를 한 번도 보지 못했지만, 지금도 손톱을 깎을 때면 간혹 현미 생각이 난다.

현미에게 실질적인 도움을 주지 못했던 '아동·청소년의 성보호에 관한 법률'은 2020년에 개정되었다. 그 후 2021년과 2022년에 다시 한번 개정되었다. 늦은 감이 없지는 않으나 이제라도 바뀌어서 참으로 다행이라고 생각한다. 2020년 11월부터 13세 미만 아동에 대한 성범죄는 공소시효가 폐지되었다. 물론 이 연령에 해당하지 않는 미성년자를 대상으로 한 성범죄 가해자에 대한 공소시효를 늘리거나 아예 폐지해야 한다는 목소리도 있다.

미국의 아동학대 근절 운동을 하는 비영리단체인 '차일드 USA'에 따르면 유년기에 성폭력을 당한 이들 중에서 3분의 1은 성인이 되기 전에, 또 3분의 1은 성인이 된 후 한참 지나서 피해 사실을 이야기하고, 나머지 3분의 1은 아예 말하지 않는다. 그리고 평균 52세에 자신의 성폭력 피해 사실을 말한다고 한다.

우리나라 역시 이와 별반 다르지 않을 것 같다. 아니, 오히려 우리 사회는 성폭력 피해자에게 아무렇지 않게 2차 가해를 자행하면서 성폭력에 있어서만큼은 피해자 탓을 하지 않는가? 그러니 진정으로 피해자가 일상으로 돌아가기를 바란다면, 사법부는 가해자에게 합당한 처벌을 내리고 피해자를 보호하고 구제할 수 있는 견고한 법적 장치를 마련해야 할 것이다.

5장

가정 밖에 놓인 청소년

심리불개시 결정이 내려지다

석현이는 심리불개시 중이었다. 소년사건에서 심리불개
시는 대부분 사안이 매우 가벼워서 굳이 심리(재판)할 필
요가 없을 때다. 아예 재판 자체를 하지 않는 것이다. 하지
만 간혹 다른 이유로 심리불개시가 결정되기도 한다. 보
호소년의 소재가 불분명한 경우다. 일반 형사사건을 예로
들면 피고인이 도주해 재판을 진행할 수 없을 때 내려지
는 기소중지의 소년법 형태다. 기소중지는 흔히 지명수배
라고 불린다. 석현이가 성인이었다면 지명수배자가 되었
을 것이다.

　석현이의 심리불개시가 취소된 것은 석현이가 다른
사건으로 경찰에 연행되었기 때문이다. 지명수배자가 경
찰에 붙잡혀 중지되었던 재판이 재개된 것과 마찬가지다.

석현이는 집에서 칼을 휘두르다 현행범으로 경찰에 연행되었디. 경찰이 현장을 덮쳤을 때 석현이의 손에는 식칼이 들려 있었다. 석현이의 두어 걸음 앞에는 건장한 남성이 서 있었고 거실 한구석에는 한 여성이 울부짖고 있었다. 경찰은 칼을 버리라고 소리쳤다. 그러자 석현이는 더욱 흥분해 소리를 질렀고 당장이라도 앞에 서 있는 남성을 향해 칼을 휘두를 기세였다.

경찰은 남성을 뒤로 물리고 삼단 봉을 꺼내 석현이와 대치했다. 그 모습을 보며 여성은 바닥에 주저앉아 울먹이면서 석현이에게 칼을 버리라고 했다. 그 말을 들은 석현이는 칼을 들지 않은 손으로 자신의 머리를 쥐어뜯기 시작했고, 얼마 지나지 않아 칼을 내려놓았다. 그 틈을 타 경찰들이 석현이를 제압했다. 거실 구석에서 울부짖던 여성은 석현이의 엄마였고 석현이가 칼을 겨누었던 남자는 엄마의 남자친구였다.

석현이 부모님은 석현이가 초등학교 2학년이었을 때 이혼했다. 부모님의 이혼과 함께 석현이는 할머니에게 보내졌다. 할머니는 석현이의 중학교 입학식에는 오셨지만 졸업식에는 오지 못하셨다. 할머니가 돌아가신 뒤 석현이는 아버지와 함께 살게 되었다. 할머니와 10년 가까이 사는 동안 아버지의 얼굴은 1년에 2~3번밖에 보지 못했다. 당연히 두 사람 사이에 정서적 유대감 같은 건 없었다. 석현이에게 아버지와 살게 된다는 것은 기대도 설렘도 아닌 불안함이었다. 부모님이나 마찬가지였던 할머니의 죽음을 슬퍼할 겨를도 없이 석현이는 아버지와의 생활에 적응해야 했다. 두 사람은 사사건건 부딪쳤고 갈등의 골은 깊어만 갔다.

아버지와의 다툼이 잦아질수록 석현이의 비행도 늘어났다. 석현이는 매일같이 사고를 치고 다녔다. 친구들과 싸우고 물건을 훔쳤다. 그러다 결국 경찰에 연행되었다. 경찰조사가 끝나자 아버지는 석현이를 정신병원에 입원시켰다. 갑자기 사고를 치기 시작한 석현이에게 정신적 문제가 있다고 생각했던 것이다.

한편 석현이 사건은 소년보호사건으로 처리되어 소년재판부로 송치되었다. 법원은 석현이에게 소환장을 보냈지만 송달되지 않았다. 우편물을 받아본 아버지가 석현이를 법원에 출석시켜야 했지만 그렇게 하지 않았다. 그 결과 석현이 사건은 심리불개시 상태에 빠졌다.

선택은 어른의 몫, 상처는 아이의 몫

아버지는 석현이가 정신병원에서 퇴원하자 생모에게 석현이를 보내버렸다. 다른 남자와 같이 살고 있던 어머니 역시 석현이와의 생활이 편하지 않았다. 게다가 어머니는 이혼한 후 석현이를 만난 적이 거의 없었다. 어머니는 석현이와 사이가 어색했지만 새로운 가정을 꾸리기 위해 노력했다. 하지만 엄마의 남자친구는 달랐다.

석현이는 컴퓨터게임을 하며 하루하루를 보냈다. 하루 종일 방에 틀어박혀 게임만 했다. 그 덕분에 엄마도 엄마의 남자친구도 마주칠 일은 없었다. 남자는 그런 석현이가 마음에 들지 않았다. 게임만 하는 석현이에게 잔소리를 하기 시작했다. 석현이는 그런 엄마의 남자친구가 불편했다.

그러던 어느 날 사건이 일어났다. 퇴근하고 집으로 돌아온 남자는 곧장 석현이의 방으로 향했다. "인마! 넌 어른이 들어왔는데 인사도 안 하냐? 이 싸가지 없는 자식아!"라며 손바닥으로 컴퓨터 앞에 앉아 있는 석현이의 뒤통수를 후려쳤다. 머리를 맞은 석현이는 곧장 일어나 욕설을 하며 그의 가슴을 밀쳤다. 하지만 고작 중학교 2학년 밖에 안 된 석현이가 건장한 성인 남자를 이길 수는 없었다. 석현이는 그 남자에게 흠씬 두들겨 맞았다.

석현이의 비명을 들은 엄마가 두 사람을 겨우 떼어놓았다. 그 틈을 타 석현이는 부엌으로 달려가 칼을 집어 들었다. 그런 석현이를 본 엄마는 놀라 소리를 질렀고, 남자는 어처구니없다는 표정을 지으며 "너 이 자식, 칼 안 내려놔? 안 그러면 너 오늘 죽는다!"고 윽박질렀다. 남자는 기세등등했지만 석현이가 칼을 들고 있어 섣불리 다가가지 못했다. 그사이에 엄마가 경찰에 신고를 했다.

경찰은 석현이에게 특수공무집행방해죄와 폭력 혐의를 적용했다. 석현이는 억울하기만 했다. 인사를 하지 않았다고 엄마의 남자친구에게 두들겨 맞았을 뿐이었다. 홧김에 칼을 들기는 했지만 막상 칼을 휘두를 용기 같은 건 없었고, 칼을 휘두르지도 않았다.

이혼하자마자 자식을 할머니에게 보내버린 부모. 사고를 친다는 이유로 정신병원에 입원시킨 아버지. 아들에게 폭력을 가하는 남자친구에게 한마디조차 못 한 어머니. 석현이에게 부모라는 존재는 자신을 낳아준 사람일 뿐 그 이상도 이하도 아니었다. 게다가 할머니를 제외한 석현이 주변의 모든 어른은 석현이를 이상한 눈조리로 바라보았고 상처를 주었다.

정신병원에서 퇴원한 석현이는 학교에 다시 나갈 자신이 없었다. 또 집을 나가면 사고를 칠 것 같았다. 그래서 조그마한 방 한 칸에서 나가지 않았다. 그곳은 석현이의 전부였다. 그런 석현이에게 게임 외에는 할 것이 없었다. 그리고 게임을 할 때는 모든 것을 잊을 수 있어 마음이 편안했다.

하지만 엄마의 남자친구는 방에서 나오지 않고 게임만 하는 석현이를 두고 보지 않았다. "방구석에만 있지 말고 좀 나가"라는 둥 "학생이 학교도 안 나가고 뭐 하나!"라는 둥 집에 올 때면 언제나 석현이를 혼냈다. 엄마의 남자친구라고는 하지만 아빠도 아닌 사람의 잔소리가 듣기 싫었다. 석현이는 더더욱 방 안에 틀어박혔다. 그런 석현이를 방 밖으로 나오게 한 것은 아이러니하게도 엄마의 남자친구였다.

사건이 있은 뒤 그 남자는 법원에 석현이에 대한 엄벌 탄원서를 제출했다. 석현이 엄마와는 사실혼 관계이기에 아버지와 같은 존재라고 주장하며 부모에게 칼을 겨누는 패륜아를 절대 용서해주어서는 안 된다고 했다. 석현이 어머니는 탄원서가 법원에 제출된 것조차 모르고 있었다. 그는 자신이 석현이의 아버지 같은 사람이라면서 정작 석현이 어머니와는 한마디 상의조차 안 하고 엄벌 탄원서를 제출했던 것이다.

　석현이의 첫 비행은 친아버지와의 갈등 때문에 시작되었다. 그리고 두 번째 비행은 아버지와 같다고 하는 사람에 의해 발생했다. 그나마 다행인 것은 어머니는 석현이를 품고자 노력했다는 점이다. 석현이가 재판을 받던 날 어머니는 판사에게 연신 고개를 조아렸다. 그 남자와는 이미 헤어졌다면서 석현이가 다시 집에 돌아오면 함께 행복하게 살 수 있도록 노력하겠다고 했다. 석현이에게, 집으로 돌아가 어머니 말을 잘 들으며 관련된 프로그램을 이수하라는 취지의 1호 처분(보호자 감호 위탁)과 2호 처분(교화를 위한 교육 수강명령)이 내려졌다.

6장

폭력이 _____ 또 다른
폭력을
_____ 낳다

아버지에게 맞고 자라다

승기의 별명은 악마였다. 승기는 17세밖에 되지 않았지만 키는 180센티미터를 훌쩍 넘겼다. 몸은 다부졌고 운동도 잘했다. 힘도 워낙 세서 누구에게 밀려본 적이 없었다. 당연히 싸움도 잘했다. 초중학교를 다니면서 셀 수 없을 만큼 싸움을 했지만 진 적이 한 번도 없었다. 하지만 악마라는 별명이 붙은 것은 단순히 싸움을 잘해서만은 아니었다. 친구들 사이에서 승기는 실제로 악마였다. 이유도 없이 친구들을 괴롭히고 때리고 심부름시키고 돈을 빼앗았다. 승기는 정말 나쁜 놈이었다.

고등학교에 진학한 승기는 일주일 만에 제 발로 학교를 나왔다. 때마침 신발을 신고 교실에 들어가던 승기를 선생님이 불러 세웠다. 선생님은 신발을 신고 들어온 승

기를 나무랐다. 그런 선생님한테 승기는 한바탕 욕설을
한 뒤 학교를 뛰쳐나갔다. 안 그래도 나니기 싫은 학교였
는데 잘됐다 싶었다.

그다음 날부터 승기는 늦잠을 잤다. 아버지도 전날 늦
게까지 술을 마셨는지, 점심때가 다 되어서야 일어났다.
그 시간까지 학교에 가지 않고 누워 있는 승기를 본 아버
지는 별안간 발길질을 했다. 승기는 맞자마자 벌떡 일어
나 아버지를 밀쳤다. 아버지는 힘없이 벽에 부딪힌 후 넘
어졌다. 넘어진 아버지가 일어나 다시 때리려 하자 승기
는 그길로 집을 나가버렸다. 아버지는 더 이상 힘으로 승
기를 이길 수 없었다. 그것은 승기도 너무나 잘 알았다. 나
이가 들어 약해질 대로 약해진 아버지였지만 손찌검은 멈
추지 않았다. 승기는 두 번 다시 집을 찾지 않을 생각이었
다. 하지만 승기는 2개월 만에 집으로 돌아갔다. 그리고
그날 사고가 터지고 말았다.

승기는 먼저 집을 나와 살고 있는 친구, 선배 들과 어
울렸다. 미성년자인 승기는 주로 자취방에서 술을 마셨
다. 돈이 필요하면 깡패 짓을 했다. 학교와 집, 그 어느 것
도 승기를 붙잡지 못했다.

그런 승기에게도 한 가지 걱정이 있었다. 집에 혼자 남은 누나였다. 누나는 엄마의 얼굴도 기억하지 못하는 승기가 유일하게 믿고 의지하는 존재였다.

　　여느 때와 다름없이 그날도 승기는 자취방에서 친구들과 술을 마시고 있었다. 그때 전화벨이 울렸다. 전화를 받은 승기는 "죽여버릴 거야!"라고 소리를 지르며 문밖으로 뛰쳐나갔다. 승기가 달려간 곳은 집이었다. 문을 열고 들어가자 누나는 거실 바닥에 쓰러져 있었고 아버지는 그런 누나에게 연신 발길질을 하고 있었다. 승기는 신발도 벗지 않은 채 아버지에게 달려들었다. 아버지를 쓰러뜨리고 1~2대 주먹질을 했다. 계속 때리려 했지만 누나가 승기를 말렸다. 승기는 분을 참지 못해 말리는 누나의 손을 뿌리쳤다. 그런데 그 틈을 타 부엌으로 간 아버지가 식칼을 들고나와 승기에게 달려들었다. 아버지가 휘두른 칼은 승기의 귀를 절반가량 베고 지나갔다.

　　승기는 아버지의 손에서 칼을 빼앗아 집어던진 뒤 아버지를 때리기 시작했다. 50대의 아버지는 저항 한 번 못하고 일방적으로 승기에게 맞았다. 아버지는 아들의 주먹질에 넋이 나갔다. 승기도 제정신은 아니었다. 친구들을 때린 적은 있었지만 아버지를 때린 것은 처음이었다. 과격한 움지임의 반동으로 검붉은 피가 여기저기 튀면서 승기의 목과 어깨는 피범벅이 되었다. 공포에 휩싸인 누나는 곧바로 경찰에 신고했다.

우선 경찰은 승기를 응급실에 보내 치료받게 했다. 아버지는 저 녀석은 자식도 아니라며 당장 구속시키라고 고래고래 소리를 질렀다. 다행히 아버지의 상처는 크지 않았다. 검찰은 피해가 적은 점, 누나가 폭행당하는 장면을 목격한 직후였고 아버지가 휘두른 칼에 상해를 입은 점 등을 고려해 승기에게 보호처분을 내렸다.

한편 딸을 때리고 아들에게 칼을 휘두른 아버지는 기소를 면하지 못했다. 아버지 재판의 증인으로 출석한 승기는 아버지의 선처를 호소했다. 제대로 된 부모는 아니었지만 아버지는 어쩔 수 없는 아버지였다. 그러나 아버지는 그렇지 않았다. 최종변론에서 "다른 집 자식들은 고등학생이 되면 아르바이트해서 부모한테 용돈도 주는데, 우리 집 딸년은 고등학교까지 졸업시켜놔도 용돈 한 푼 주지 않아 교육 차원에서 몇 대 때렸습니다", "아들놈이 덤벼들길래 홧김에 칼을 들었을 뿐입니다. 손잡이로 꿀밤을 때리려다 실수로 귀를 스친 것이지 해하려 했던 것은 절대 아닙니다"라며 자식들을 때린 것에 잘못이 없다고 강변했다.

돌아갈 곳 없는 아이

현장에서 청소년들을 만나고 있는 전문가들은 하나같이 가정폭력이 청소년 비행에 상당한 영향을 미친다고 입을 모은다. 영문도 모른 채 아버지한테 흠씬 두드려 맞은 아이에게 아무 일도 없었다는 듯이 학교에 가서 열심히 공부하고 친구들과 사이좋게 지내라는 것이 가능할까. 눈만 뜨면 손찌검을 하는 부모를 피해 집을 나온, 가출이 아닌 탈출을 한 청소년에게 길거리에서 생활하더라도 법질서는 꼭 지키라고 말할 수 있을까. 평생 아버지에게 맞고 자란 아들이 아버지보다 힘이 세졌을 때, 아버지가 폭력을 휘두르더라도 부모니 맞서지 말라고 할 수 있을까.

물론 열악한 가정환경에서도 착실히 학교를 다니고 열심히 공부해서 성공한 사람들도 있다. 승기보다 더 열악한 가정환경에서 친구들과 사이좋게 지내며 성실하게 살아가는 청소년들도 많다. 가정폭력을 못 이겨 집을 나왔다고 해도 쉼터 등에 들어가 어른들의 도움을 받으며 살아가는 청소년도 있다. 그렇기에 승기는 분명히 나쁜 청소년이다.

이미 소년보호사건으로 처분을 받은 전력이 있던 승기에게 판사는 단호했다. 판사도 아버지가 누나를 때렸고 승기에게 칼을 휘두른 것을 알고 있었지만, 법은 연민의 얼굴을 하고 있지 않다. 판사는 벼락같이 호통을 쳤다.

"승기야, 전에도 보호처분을 받은 적이 있잖아. 그때마다 잘못했다, 다시는 안 그러겠다고 했을 테고. 그래서 판사님들이 소년원에 보내지 않았던 것 같은데, 이번에는 아버지를 때려서 여기에 왔어! 누나가 맞는 모습을 보고 이성을 잃어 아버지를 때렸고 그 과정에서 아버지가 휘두른 칼에 다쳤다고 해도 자식이 아버지를 때리면 되겠니? 이렇게 또다시 법정에 섰으니, 내가 낮은 처분을 내리면 우리가 또 만날 것 같다는 생각밖에 안 드는데?"

승기를 혼내는 판사를 보면서 이번에는 낮은 처분을 받을 수 없겠다는 생각이 들었다. 재판이 끝나기까지 10분이 채 걸리지 않았다.

"보호소년을 ○○○의 감호에 위탁한다."

6호 처분이었다. 6호 처분은 아동복지시설이나 기타 청소년 관련 기관에 감호를 위탁하는 처분이다. 승기는 6호 기관에서 6개월 동안 생활해야 했다. 소년원보다는 훨씬 자유롭지만 규범과 통제에 익숙하지 않은 보호소년들에게는 그곳에서의 생활도 쉬운 일은 아니다. 더욱이 소년원처럼 탈주 방지시설이 되어 있지 않은 6호 시설에서는 탈주 사건이 빈번히 일어난다. 그리고 6호 시설에서 탈주한 보호소년에게는 관례적으로 6개월간 소년원에 보내는 9호 처분이 내려진다.

6개월간 6호 시설에서 지내야 하는 승기의 앞날이 걱정되었다. 승기에게 어려운 환경에서도 바르게 살아야 한다고 요구할 수는 없다. 그리고 어려운 환경에서 컸다고 해서 범죄를 저질러도 용서받을 수 있는 것은 아니다. 잘못을 저질렀으면 응당 그에 따른 책임을 져야 하고, 자신이 한 행동에는 반드시 책임이 뒤따른다는 것을 깨달아야 한다. 다만 법정에 선 청소년이 처한 환경을 고려해서 적합한 처분을 내려야 한다. 무조건 낮은 처분이나 지나치게 과한 처분은 오히려 독이 될 수도 있다. 그래서 우리 사

회가 위기청소년을 어떻게 대해야 하는지에 대한 논의는
여전히 뜨거운 화두다.

비행청소년을 만들지 않으려면

비행을 저지른 청소년을 사회로부터 격리하는 것은 가장
쉬운 처벌이지만 가장 지양해야 할 조치다. 우리 사회를
살아가는 방법은 사회에서 배워야 한다. 소년원이나 교도
소에서 아무리 좋은 프로그램으로 교육을 한다고 해도 어
디까지나 간접 교육에 지나지 않는다. 사회를 살아가는
방법을 사회만큼 직접 배울 수 있는 곳은 없다. 그렇기에
우리 사회를 살아가는 방법을 배우는, 즉 사회화 시기에
있는 청소년은 사회 안에 있어야 한다. 비행을 저지른 청
소년이 사회로부터 격리되어서는 안 되는 이유다.

하지만 격리만큼 재비행을 방지하는 데 효과적인 방
법은 없을 것이다. 24시간 감시할 수 있으며 비행 요인으
로부터 완벽하게 차단할 수 있기 때문이다. 그렇다면 사
회에서 소년원이나 교도소 같은 격리시설과 동일한 재비
행 방지 효과를 만들어낼 수 있는 방법은 없을까. 있다. 양

극단을 오가는 처분에서 중간 지대가 되는 보호관찰(4호, 5호 처분)과 아동복지시설이나 그 밖의 소년보호시설에 감호 위탁(6호 처분)이 그것이다.

보호관찰은 4호나 5호 처분을 받은 청소년에게 보호관찰관을 붙여주는 것이다. 청소년은 그전처럼 생활하면서 보호관찰관의 지도와 감독을 받으면 된다. 보호관찰관이 대상자들을 면밀히 관찰하고 면담하며 성행 개선을 위한 여러 가지 교육 프로그램을 소개하는 등 그들을 지도하며 비행을 예방하는 것이다.

아동복지시설이나 그 밖의 소년보호시설에 감호 위탁은 소위 6호 시설이라 불리는 기관에 청소년을 위탁하는 것을 뜻한다. 6호 시설은 소년원과 달리 사회와 단절되어 있지 않다. 지역사회와의 교류도 비교적 활발해 청소년을 사회와 완전히 분리하지 않아도 된다. 6호 시설은 청소년의 주거를 일정한 시설에 한정시켜 재비행을 강하게 방지하면서도 사회와의 일정한 교류를 보장해준다.

이처럼 4~6호 처분은 청소년의 재비행을 비교적 강하게 방지하면서도 사회화를 중단시키지 않는 매우 우수한 제도다. 하지만 현실에서는 이 제도를 제대로 운용할 수 있는 자원이 턱없이 부족한 실정이다.

보호관찰관 1명이 담당하는 청소년은 100명이 넘는다. 많으면 수백 명에 이른다. 그러다 보니 청소년 개개인에 대한 주의 깊은 관찰이 불가능하다. 그저 시간에 맞춰 출석시켜 얼굴을 확인하는 정도에 그치는 정도다. 당연히 재비행 예방 효과를 기대하기 어렵다.

6호 처분 역시 마찬가지다. 우선 6호 시설을 전담하거나 관리하는 정부 부처가 없다. 6호 시설은 아동복지법에 따라 아동보호 치료 시설에 해당되므로 보건복지부에서 인가한다. 하지만 2005년부터 관리 주체가 지자체로 넘어갔다. 즉 시설의 설립부터 운영비 지원 등을 시도지사가 책임져야 한다. 보건복지부는 정책을 총괄할 뿐 시설을 운영하는 몫은 지자체에 맡기는 것이다.

또한 6호 시설로 지정받기 위해서는 최소 수십억 원이 소요되는 시설비를 감당해야 한다. 자비로 시설을 마련한다고 해도 지원받는 운영비는 턱없이 부족하다. 법원으로부터 위탁받는 청소년 1명당 월 일정액의 운영비를 지원받는데, 식비 정도밖에 안 되는 금액이다. 상황이 이렇다 보니 지역사회와 연계한 다양한 프로그램은 꿈도 꾸지 못하는 것이 현실이다. 그래서인지 2022년 통계자료에 따르면 법원에서 6호 시설로 지정한 기관은 17군데뿐이다.

청소년을 사회에서 격리하면 재비행은 줄어들겠지만, 사회화 기회를 박탈하는 부작용이 발생한다. 그렇다고 교화시키지 않으면 재비행 효과는 낮을 수밖에 없다. 이러한 딜레마를 해결할 수 있는 것은 사회 내 처분, 즉 보호관찰과 복지시설에 감호 위탁하는 것이다. 그러나 우리 사회는 이처럼 좋은 제도를 재원이 부족하다는 이유로 사장시키고 있다. 어쩌면 우리 사회가 청소년 재비행을 조장하고 있는지도 모르겠다.

소년법 제4조에 따르면 형사미성년자, 즉 촉법소년은 가정법원 소년부로 송치해 보호사건으로 심리한다고 규정한다. 그리고 사건을 송치받은 법원 소년부는 촉법소년을 소년원으로 보내거나 보호관찰을 받게 하는 등 보호처분을 내릴 수 있다.

소년법에서 규정하는 보호처분은 1호에서 10호까지다. 처벌의 수위가 가장 낮은 것은 1호로, 보호자 또는 보호자를 대신해 소년을 보호할 수 있는 사람 등에게 감호 위탁하는 처분이다. 반대로 8~10호는 소년원에 송치되는 강도 높은 처분이다. 그 밖에 2호는 수강명령, 3호는 사회봉사, 4호와 5호는 보호관찰, 6호는 소년보호시설이나 아동복지법에 따른 복지시설에 감호 위탁, 7호는 병원과 요양소, 소년의료보호시설에 위탁되는 처분이다.

거듭 이야기하지만 소년보호처분의 핵심은 '교화'에 있다. 그래서 법은 청소년들이 우리 사회의 구성원으로서 제대로 살아갈 수 있게끔 교육을 통해 재사회화시키고, 교화를 통한 재범 예방에 힘쓴다.

그런데 문제는 소년범을 보호할 수 있는 시설 자체가 턱없이 부족하다는 점이다. 제도적인 여건이 마련되어 있지 않아 소년원으로 송치할 수밖에 없다는 것이다. 이에 관련 전문 기관에서는 청소년 범죄가 흉포화된 것은 미성년자를 제대로 돌보지 못한 우리 사회의 책임이라면서 이들의 처우에 좀더 세심한 관심을 기울여야 한다고 강조한다. 이러한 사회적 목소리에 발맞춰 법무부 소년보호혁신위원회는 2021년 4월에 '다이버전diversion, 사회 내 처우' 제도를 활성화한다는 '경미한 소년사건에 대한 경찰 다이버전 활성화' 안건을 심의·의결한 바 있다.

현행 소년법에 따르면 보호자가 있으면 보호자에게 감호 위탁을, 보호자가 없더라도 보호자를 대신해 청소년을 보호할 수 있는 양육자가 있으면 그에게 감호 위탁을 하도록 규정한다. 그밖에 보호자나 양육자가 없는 우범 소년들은 아동복지시설이나 소년보호시설에 감호 위탁할 수 있도록 규정하고 있는데, 이 같은 소년원 송치 이전 단계의 감호 위탁 처분을 '다이버전'이라고 한다. 현재 미국과 영국에서는 다이버전 프로그램을 운영하고 있으니 이 나라들의 사례를 참고하는 것도 도움이 될 것이다.

7장

거짓말에서 _____ 시작된
범죄

폭증하는 디지털성범죄

최근 청소년 성범죄에서 눈에 띄는 것은 온라인을 기반으로 한 디지털성범죄라는 점이자, 범죄 수위는 점점 높아지는데 가해자와 피해자의 연령은 낮아지고 있다는 점이다. 청소년 5명 중 1명꼴로 디지털성범죄 위험에 노출된 적 있다고 한다. 또한 피해자 대부분이 여성이기는 하지만 남성 피해자도 증가하는 추세다. 디지털성범죄는 성별을 막론하고 10대의 일상생활에 교묘하게 파고들어 그들을 잠식하고 있다.

성을 터부시하는 우리 사회의 분위기 때문인지 10대 일부는 온라인상에서 자신들의 성적 호기심을 해결한다. 그리고 그중 일부는 자신의 신체를 노출한 사진이나 영상 등 성적인 게시물을 올리는 이른바 '일탈계'를 운영한다.

문제는 이들이 성범죄의 타깃이 되고 있다는 점이다.

이들이 성범죄를 당해도 신고하지 못하는 이유는 우선 그런 SNS를 운영한 것 자체가 범죄의 빌미를 제공했다는 식의 2차 가해와 성범죄의 피해자라는 사회적 낙인이다. 그다음은 아청법과 정보통신망 이용촉진 및 정보보호 등에 관한 법률에 따라 음란물 유포로 법적 처벌을 받아야 하기 때문이다. 그러다 보니 이들은 부모님에게 피해 사실이 알려지는 것을 극도로 두려워해 신고를 하지 않는다.

한편 '지인 능욕'이라 불리는 디지털성범죄가 10대들 사이에서 유행처럼 번지고 있다. 지인의 얼굴에 음란물을 합성해 제작·유포하는 것인데, 사진을 합성하는 것에 그치지 않고 SNS에 신상을 올려 성적 테러를 유도하는 등 범죄 형태가 악랄해지고 있다. 디지털 네이티브 세대인 이들은 스마트폰과 앱으로 손쉽고도 빠르게 딥페이크를 제작해 유포한다.

이 같은 범죄가 급증하는 이유는 10대들이 이를 신종 '놀이'라고 안일하게 생각하기 때문이다. 게다가 이들의 특성을 고려한 법적인 장치가 부족한 것도 한몫했다. 이에 2020년

6월 25일에 불법 합성물 제작·유포에 대한 처벌 규정을 담은 성폭력범죄의 처벌 등에 관한 특례법 개정안이 시행되었다.

우리 사회의 공분을 산 2020년 n번방 성 착취 사건의 피의자 중 일부는 10대였다. 이 사건은 디지털에 익숙한 10대와 20대가 온라인을 중심으로 성 착취 카르텔을 만들어 조직적으로 성범죄를 저지른 사건이었다. 피의자들의 나이가 어리다는 것도 큰 충격이었지만, 피의자 중 일부는 자신들의 행위가 성범죄라는 사실조차 인지하지 못한 채 그저 '야동'을 제작해 팔았을 뿐이라고 진술한 점이었다. 게다가 이들이 만든 영상을 보거나 구매한 사람들은 남자라면 호기심에 한 번쯤 야동을 보기 마련인데, 야동 좀 보았다고 처벌하는 것은 지나치다며 반발한 것 역시 우리 사회가 잘못된 성관념에 찌들어 있음을 적나라하게 보여주었다. '야동'이라는 단어를 유머랍시고 무분별하게 사용하고 노출하는 미디어와 어른들의 태도가 10대들의 잘못된 성관념에 일조했을 것이다.

실제로 한 통계자료에 의하면 디지털성범죄 가해 아동·청소년 10명 중 9명은 자신의 행동이 성범죄라는 것을 알지 못한다고 한다. 이에 교육부는 학교 성교육 프로그램을 대폭 개선하고 성인지 감수성 함양을 위한 교육 프로그램을 마련하겠다고 밝혔으나 현장에서 목도한 사건들을 떠올려본다면 실효성은 없는 듯하다.

어느 날 도착한 의미심장한 메시지

알고 지내던 한 시의원에게 전화가 왔다. 한 후기 청소년이 매우 곤란한 상황에 처해 있으니 도움을 줄 수 있느냐는 것이었다. 일단은 알겠다며 전화를 끊은 뒤 사건 자료를 받아 살펴보았다. 사건 자료를 읽으면서 든 생각은 '아무리 내가 변호사라지만 이런 사람을 변호해야 하나?'였다. 범죄자도 변호를 받을 권리는 있지만, 이 사건의 가해자는 너무나도 악질이었다. 그런데도 가해자는 억울함을 호소하고 있었다. 일단 그를 만나 자세한 이야기를 듣기로 했다. 그러니까 이 사건은 어느 날 받은 메시지 한 통에서 시작되었다.

그날, 현도와 지혜는 여느 커플처럼 데이트를 하고 있었다. 그러다 메시지를 확인하던 지혜의 얼굴이 순식간에 창백해졌다.

안녕하세요. 저는 수현이라고 합니다. 꼭 알려드려야 할 것이 있어서 실례를 무릅쓰고 연락 드렸습니다. 저는 현도 오빠의 아이를 키우고 있습니다. 오빠와는 오랫동안 알고 지내다가 작년부터 만나기 시작했는데, 어느 날 오빠는 제가 장애인인 게 싫다면서 헤어질 것을 요구했습니다. (……) 저는 그저 저와 같은 또 다른 피해자가 없기를 바라면서 연락한 것임을 알아주시면 좋겠습니다.

지혜는 현도를 추궁했고, 현도는 기억을 더듬어봤지만 그런 여자를 만난 적이 없었다. 지혜는 그 여자에게 전화번호를 어떻게 알았냐면서 자세한 이야기를 나누자고 했지만 묵묵부답이었다. 현도는 자신은 맹세코 그런 일을 한 적이 없기 때문에 누군가의 장난일 것이라며 넘어갔다.

그런데 다음 날부터 현도는 친구들의 연락으로 정신을 차리지 못했다. 지혜에게 연락을 했던 그 여자가 이번에는 현도의 친구들에게 연락을 한 것이었다. 그리고 자신이 현도와 주고받은 DM이라며 SNS에 공개했다. 거기에는 차마 입에 담을 수 없는 현도의 폭언이 고스란히 담겨 있었다.

그 DM에 따르면 현도는 장애가 있는 그녀에게 접근해 성관계를 하자며 졸랐고, 그녀가 임신을 하자 헤어지자고 일방적으로 통보한 뒤 잠수를 해버렸다. 그제야 현도는 장난으로 넘어갈 일이 아니라고 생각해 경찰에 신고했다. 그날부터 현도의 일상은 지옥이었다. 모르는 번호로 전화가 계속해서 걸려왔다. 상대방은 현도가 대꾸할 새도 없이 욕을 퍼붓고 끊었다. 문자 폭탄도 이어졌다. 그 글로 현도는 며칠 사이에 파렴치한이 되었다. 결국 현도는 10년 넘게 써온 전화번호를 바꾸고, SNS에 해명 글을 올렸다. 그의 친구들과 지인들은 현도를 믿는다면서 그 여자가 글을 올린 사이트들을 찾아 현도에게 알려주었다.

본격적인 수사가 시작되자 각종 커뮤니티에 게재되었던 허위 폭로 글은 삭제되었다. 그리고 그 여자의 SNS 계정들이 전부 가짜라는 것이 밝혀졌다. 그 여자가 올린 글은 삭제되었지만, 현도는 누군가가 그 글을 캡처해 유포하지 않을까 걱정하고 있다. 그 글이 다시 올라오면 또다시 해명을 해야 하고, 익명 뒤에 숨은 수많은 타인으로부터 온갖 욕을 들어야 한다며 두려움에 떨었다.

극단적인 상황을 생각할 만큼 현도를 벼랑 끝으로 몰고 갔던 그 여자가 누구인지 찾아내지 못했다. 성별이 여자인지도 불분명하다. 현도는 그 사람을 지금도 찾고 있다. 그리고 자신에게 무차별적으로 폭언을 가한 사람들을 명예훼손 혐의로 고소했다. 다만 자기에게 진심으로 사과하고 SNS에 사과문을 게재한 사람들은 고소를 취하했다.

이처럼 '익명 SNS'에 익숙한 청소년들은 특정인을 음해하거나 공개적으로 모욕하는 글을 거리낌 없이 올린다. 이로 인해 확인되지 않은 루머가 퍼짐으로써 현도와 같은 피해자가 생겨나고 있다.

앞서 이야기한 디지털 성범죄만이 사이버폭력은 아니다. 허위 사실을 유포하고 신상 정보를 유출하는 등의 행태도 사이버폭력이다. 현실에서의 물리적인 폭력과 달리 사이버폭력은 언제, 어디서나 '전송' 버튼만 누르면 행할 수 있다. 그러니 디지털기기에 친숙한 청소년들이 마음만 먹으면 가해학생이 될 수도 있는 것이다. 따라서 청소년들에게 사이버폭력은 학교폭력에 준해 처벌할 수 있는 범죄라는 것을 교육해나가야 한다.

8장

'피해자'인 _____ 동시에
'가해자'가
_____ 되다

친오빠의 성폭력

현주는 성폭력 피해자였다. 가해자는 친오빠였다. 어머니는 어릴 적 세상을 떠났기 때문에 아버지하고 같이 살았다. 초등학교 고학년 여름방학이었다. 아버지는 일을 나가셨고 집에는 오빠와 현주만 있었다. 현주는 낮잠을 자고 있었는데 이상한 느낌이 들어 눈을 떠보니 오빠가 자신의 성기를 만지고 있었다. 강하게 저항했지만 오빠는 막무가내였다. 현주는 아버지가 퇴근하기만을 기다렸다. 그리고 퇴근한 아버지를 붙잡고 오빠가 한 짓을 이야기했다. 그날 밤 아버지는 오빠를 흠씬 때렸다.

한동안 오빠는 얌전했다. 하지만 몇 개월이 지나자 현주의 가슴을 장난치듯 슬쩍슬쩍 만지기 시작했다. 장난을 가장한 강제추행은 아버지가 돌아가실 때까지 몇 년간 지속되었다. 아버지의 부재로 집에는 현주와 오빠만 남게 되었다. 오빠는 또다시 잠자는 현주에게 강세 유사 성교를 저질렀다. 그 즉시 현주는 집을 나와 거리에서 생활하기 시작했다. 그리고 오빠를 신고하겠다며 나를 찾아왔다.

오빠의 행위는 명백한 유사 강간이었기 때문에 고소는 어렵지 않았다. 오히려 신경이 쓰였던 것은 현주의 생활이었다. 중학교에 진학하면서부터 학교를 거의 나가지 않았다. 현주의 아버지는 두 아이를 잘 키우고자 최선을 다하신 것 같았다. 하지만 가난한 집 아버지가 돈을 벌며 엄마의 역할까지 완벽히 하긴 어려웠을 것이다. 게다가 집에는 상습적으로 자신을 추행하는 오빠가 있었다. 그런 현주가 그나마 학교에서라도 적응을 했으면 다행이었겠으나 그조차도 쉽지 않았던 듯했다.

오빠를 처벌하는 과정에서 현주의 상처가 조금이라도 치유되기를 바랐다. 엄마가 부재한 성장기, 오빠로부터의 성폭력, 부모가 없다는 이유로 겪었을 불합리한 상황들, 사회적 편견으로부터 견뎌내야 할 앞으로의 날들까지……. 오빠에게 당한 성폭력의 상처라도 보듬어주지 않는다면 현주의 앞날은 더욱 소용돌이칠 것 같았다. 고소장을 제출하고 일주일 뒤 해바라기센터에서 피해자 조사를 받았다. 조사에 동행해 담담하게 이야기를 잘 풀어가는 현주의 뒷모습을 바라보니 대견하면서도 눈물 한 방울 흘리지 않는 모습이 한편으로는 안타까웠다. 경찰조사 후 몇 주 지나지 않아 현주에게 연락이 왔다.

"변호사님, 저 다음 주 화요일에 있는 검찰 조사에 같이 가주실 수 있으세요?"

"필요한 일이 있으면 언제든지 연락하라고 했잖아. 그리고 내가 너 담당 변호사인데 당연히 같이 가야지."

피해자에서 피의자로

검찰 조사 시간에 맞춰 현주와 검찰청 민원실에서 만났다. "긴장할 필요 없다", "해바라기센터에서 했던 것처럼 이야기하면 된다", "물어볼 것이 있으면 언제든지 물어봐도 된다", "힘들면 중간에 쉬었다 해도 된다" 등등 현주의 긴장을 풀어줄 말들을 건네고 검사실로 향했다. 그런데 현주의 표정이 이상했다. 게다가 검사실의 분위기도 이상했다.

수사관은 현주에게 백지 상태의 A4 용지 1장을 건네며 "있었던 일 모두 쓰세요"라고 통명스럽게 밀했다. 수많은 성폭력 피해자 조사에 동행했지만 이처럼 불친절한 수사관은 처음이었다. 더구나 문답식 조사도 아니고 백지에 있었던 일을 모조리 쓰라니, 더욱이 현주는 아동·청소년이었다. 평소 같았으면 당장 검사에게 항의했겠지만, 너무나도 이상하게 돌아가는 상황에 어리둥절했다.

현주는 책상에 놓여 있는 백지를 멍하니 바라보고 있었다. 나 역시 무언가가 이상했지만, 도대체 무엇 때문에 이상한지조차 파악할 수 없어서 현주에게 말 한마디 건네지 못하고 10여 분을 멍하니 있었다. 그때 검사가 들어왔다. 아니 들어온 것이 아니라 출입문에 기대어 서서 역시나 뽀로통하게 말을 건넸다.

"미연이 장애 있는 거 알았죠?"

"아니요."

"딱 봐도 티가 나는데 그걸 몰랐어요?"

"몰랐어요."

"지금은 알아요?"

"네."

"그것도 쓰세요."

그제야 피해자 조사가 아닌 피의자 조사라는 것을 알았다. 그리고 혹시나 하고 현주에게 다시 확인했다.

"현주야, 오늘 무슨 일로 조사받으러 온 거니?"

"제가 집을 나간 뒤에 미연이랑 며칠 놀러 다녔는데요."

"그래서?"

"하루는 미연이가 너무 싸가지 없게 굴어서 '조건'을 시켰어요."

나에게 현주는 10분 전까지만 해도 오빠에게 지속해서 성폭력을 당한 피해자였다. 그런데 느닷없이 피의자가 되었다. 게다가 중학생밖에 되지 않은 현주의 입에서 친구에게 조건 만남을 시켰다는 말이 나왔다. 다양한 소년 사건을 맡아왔지만 현주 같은 경우는 처음이었다.

"어? 조건? 자세히 이야기해볼래?"

"그러니까 미연이가 싸가지가 없어서요, 조건 만남으로 아저씨를 부른 뒤 여관에 보냈어요."

"성매매를 시켰다는 거야?"

"……."

"돈은 네가 가져갔니?"

"네."

"미연이가 장애인이라는 말은 뭐니?"

"걔가 지적장애가 있어요."

그제야 검찰청 민원실에서부터 느꼈던 이상함의 원인이 무엇인지 알 수 있었다. 그날 조사는 오빠에게 당한 성폭력에 대한 피해자 조사가 아닌 전혀 다른 사건, 즉 친구를 강제로 성매매시킨 사건의 피의자로 받는 조사였다. 수사관이 다짜고짜 백지를 던져주고 "있었던 일 모두 쓰세요"라고 말한 것은 불친절함이 아니라 오히려 배려였다. 현주는 촉법소년이었다. 형사처벌이 불가능했다. 그렇다고 무조건 불기소하기에는 사건이 심각했다. 처음부터 소년부 송치를 고려했을 것이다. 문답 조사를 해야 했겠지만, 현주의 진술서로 갈음한 것은 그나마 어린 현주를 배려한 것이었다.

현주는 3시간 만에 A4 1장을 겨우 채웠다. 검사가 보충을 요구해서 몇 문장을 추가한 뒤에야 검찰청을 나올 수 있었다. 현주에게 무슨 말을 건네야 할지 막막했다. 그저 소년사건 처리 절차만 설명해주었다. 현주는 예상되는 재판 결과를 물어보았다. 하지만 부모님이 안 계신 청소년에게 재판부가 어떤 처분을 내릴지 예상하기 어려웠다. 초범이지만 죄질이 나빴다. 돌봐줄 가정은 없었고, 학교는 장기 결석 중이었다. 다시 집으로 돌려보내지는 않을 것이 뻔했다. 그렇지만 소년보호시설(6호 처분)로 보낼지, 아니면 소년원으로 보낼지 예측하기 어려웠다. 현주에게는 좀 지켜보자고 말한 뒤 헤어졌다.

그날 이후 현주는 내 머릿속을 온통 어지럽게 했다. '도대체 이 녀석을 어떻게 해야 하지?', '지금은 어디에서 지내는 거지?', '전화는 왜 안 받는 거야! 혹시 무슨 일이라도 생긴 거 아니야?' 등등 무엇을 하든 현주 생각만 났다. 그러다 일주일 정도 지나 현주의 고모라는 사람에게서 전화가 왔다. 현주 일로 상담을 하자고 했다. 무척 반가웠다. 현주에게 가족이 있었다니, 이제 한시름 놓을 수 있겠다 싶었다. 그런데 나를 찾아온 고모는 생각지도 못한 말을 꺼냈다.

"변호사님, 혹시 현주랑 연락한 적 있으세요?"

"아니요. 검찰청에 다녀온 뒤로 제 전화를 받지 않네요."

"그러시군요. 얘가 제 전화도 받지 않네요. 그런데 변호사님, 이 사건을 계속 맡아주실 건가요?"

"다른 변호사를 쓰실 생각이면 그렇게 하셔도 됩니다. 그런 게 아니시라면 제가 계속 맡을 생각입니다."

"그럼 법원에 현주의 처분을 어떻게 해달라고 하실 생각이세요?"

"네?"

"저는 현주가 차라리 소년원 같은 데 가는 게 더 나을 것 같아요."

고모는 오빠가 있는 집에서는 현주를 살게 할 수 없어서 자신이 최대한 데리고 있어 보려 했지만 연이은 가출에 계속 사고를 쳐서 버겁다고 했다. 그러니 차라리 소년원 같은 곳에 가서 공부도 하고 기술도 배우는 것이 더 좋지 않겠냐고 했다.

사실 나도 어떤 것이 현주에게 바람직한 처분이 될지 많은 고민을 하고 있었다. 성폭력을 저지른 오빠가 있는 집으로 보내는 건 절대 있을 수 없는 일이었다. 그렇다고 지금처럼 거리를 배회하게 둘 수는 없었다. 적절한 시설에 입소시키면 좋겠지만, 생각처럼 쉬운 일은 아니었다. 현주를 소년원에 보내달라고 변론하는 것은 너무나도 무책임한 행동이었다. 결국 고모와의 상담은 별 소득도 없이 끝이 났다. 서로 현주와 연락이 되면 알려달라는 말만 하고 헤어졌다.

성폭력 피해를 호소하면서 가해자의 엄벌을 바랐던 현주와, 친구에게 성매매를 강요하고 돈을 가져간 현주의 모습을 어떻게 해석해야 할까. 성폭력 피해자, 특히 청소년 피해자 중 훗날 성 착취 범죄에 연루되거나 성폭력 가해자로 이어지는 경우가 적지 않게 관찰된다. 그렇다고 현주의 행동을 정당화하려는 생각은 없다. 성폭력 경험이 피해자를 가해자로 이끈다고 섣불리 단정할 수는 없기 때문이다.

과연 어떤 처벌이 현주에게 도움이 될까. 현주에게는 돌아갈 집이 없다. 학교에 다시 적응하기를 바라기도 어렵다. 결국은 거리로 돌아갈 것이다. 그렇게 되면 또다시 비행을 저지를 위험성은 매우 높다. 그럼에도 재판부에 소년보호시설이나 소년원에 위탁하는 처분을 요청하는 것이 망설여지는 것은 현주에 대해 내가 알고 있는 것이 너무나도 없었기 때문이다. 나는 현주를 전혀 이해하지 못하고 있었다. 하지만 현주에 대한 변론 고민은 부질없는 짓이었다. 더는 현주와 연락이 되지 않았기에 수사도 재판도 모두 중단되었다.

9장

이처럼 _____ 화려한
범죄 기록을
_____ 본 적이 없다

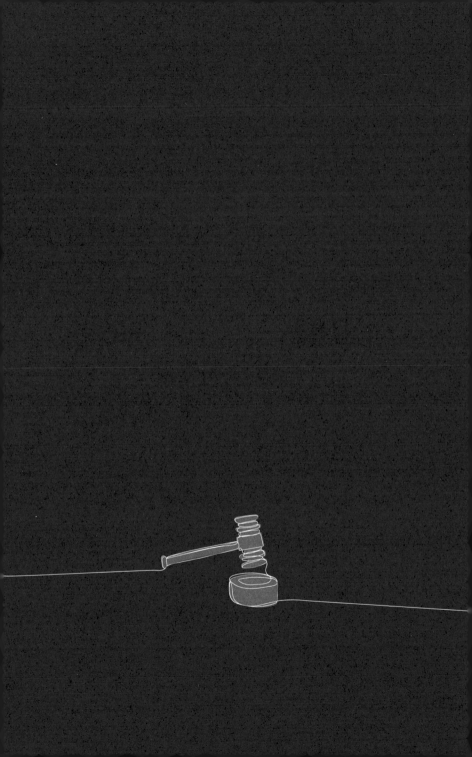

전과 소년범 비율이
줄어들지 않는 이유

사건을 맡으면 검찰이 가지고 있는 사건 기록을 복사해온다. 적으면 300쪽, 길면 1,000쪽이 넘는 사건 기록을 책상 위에 펴놓고 하나씩 넘기며 사건을 알아간다. 수사관과의 문답으로 이루어진 피의자와 피해자의 조서, 각종 보고서, 현황 보고, 현장 사진 등이 담긴 수사 기록은 피의자의 유죄를 입증하기 위한 경찰과 검찰의 합작물이다. 그런데 그 수많은 기록에서 의외로 피의자에게 도움이 될 만한 내용들을 건질 때가 많이 있다.

재원이는 검찰 조사까지 마친 뒤에 나를 찾아왔다. 스마트폰 매장을 털었다고 덤덤한 표정으로 이야기했다. 이미 몇 번 처벌을 받은 적이 있는데, 이번에는 좀 불안하다고 했다. 그저 '이 녀석도 험하게 살았구나' 하고 생각했다. 그런데 '범죄경력자료조회 회보서'를 보는 순간 머릿속이 하얘졌다. 범죄 기록은 한 페이지로 부족해 다음 페이지까지 이어졌다. 무려 13건이나 되었다. 하지만 재원이는 이제 고작 18세였다.

13건의 범죄 기록이 모두 별건은 아니었다. 한 번에 2~3건을 동시에 처벌받기도 했다. 그러니 처벌을 13번 받은 것은 아니었다. 하지만 여태까지 이처럼 화려한 범죄 기록을 본 적이 없었다. 한쪽 반에 이르는 범죄 기록을 보는 순간 '이 녀석을 어떻게 변호하지?'라는 생각밖에 안 들었다. 그러고 이내 든 생각은 '이렇게 어린 청소년이 도대체 어떤 삶을 살아온 거야'였다.

최근 청소년범죄의 특성은 전체 범죄율은 감소하는 반면 누범률은 증가한다는 것이다. 특히 3~4범 이상 누범자들의 증가세가 가파르다. 즉 이것은 초범자는 줄어드는 반면에 재범자 중 일부는 계속해서 같은 범죄를 저지른다는 것을 뜻한다.

『범죄백서』에 따르면 전과 소년범의 비율은 줄어들지 않고 있다. 지난 10년간 전과 소년범이 전체에서 차지하는 비율은 꾸준히 증가했다. 2013년에는 그 비율이 무려 41.5퍼센트나 되었다. 이는 당해 검거된 소년범 100명 가운데 41.5명이 과거에 벌금형 이상의 유죄판결을 1회 이상 받아본 적이 있다는 것을 뜻했다. 2014년과 2015년에도 전과 소년범의 비율은 40퍼센트에 가까웠다. 그렇다면 누범 청소년들에게는 어떤 특성이 있기에 계속해서 범죄를 저지르는 것일까.

누범 청소년들의 특징 중 하나는 비교적 어린 나이에 범죄를 저지르기 시작했다는 점이다. 특히 처음 범죄를 시작한 나이가 어릴수록 누범으로 이어질 가능성이 크다는 것이 전문가들의 대체적인 견해다. 다시 말해 평생 범죄의 굴레에서 벗어나지 못하는 만성적 범죄자가 될 가능성이 높다는 뜻이다.

그리고 어린 범죄자들의 공통된 또 다른 특징은 해체된 가정에서 자란 경우가 많았다는 점이다. 가정에서 보호받지 못하는 청소년들이 처벌을 받고 다시 돌아가야 하는 곳은 기댈 수 없는 가정 또는 냉혹한 거리일 뿐이다. 가정이 아닌 거리로 나온 그들은 자신을 범죄로 내몰았던 환경 속에서 다시 범죄에 이끌리게 된다.

"엄마에게 소송을 걸고 싶어요"

재원이는 해체된 가정에서 어린 나이에 범죄를 시작한 전형적인 사례였다. 재원이의 아버지는 매우 폭력적이었다. 폭력은 술에 취했을 때 더욱 심했다. 재원이의 아버지는 거의 매일 술을 마셨다. 어머니는 아버지와 이혼한 뒤 재원이와 2년 터울의 누나와도 연락을 끊었다. 4세 때 엄마와 헤어진 재원이에게 '엄마'는 '자기를 낳아준 여자를 이르거나 부르는 말'이라는 명사로만 존재했다.

어머니와 이혼한 후 아버지의 폭력은 더욱 심해졌다. 아버지는 매일같이 술을 마셨고, 술에 취해 집에 들어오면 어김없이 재원이와 누나를 때렸다. 그날도 아버지는 술에 취한 채로 귀가하는 중이었다. 늦은 밤 강철로 만들어진 대문이 닫히면서 만들어낸 날카로운 소리가 방 안에 있던 재원이와 누나에게까지 들렸다. 두 사람은 다시 시작될 폭력에 떨었다. 차라리 맞을 때는 괜찮았다. 폭력을 당하기 전, 아버지가 다가오는 그 순간 공포심은 극에 달했다.

하지만 그날은 아버지가 집 안으로 들어오기까지 너

무나도 오랜 시간이 걸렸다. 남매는 방 안에서 이불을 뒤집어쓴 채 언제 문이 열릴지 몰라 두려움에 떨어야 했다. 그러나 아버지는 들어오지 않았다. 남매는 한참을 숨죽이고 있다가 용기를 내어 밖으로 나가 보았다. 아버지는 대문 앞에 넘어져 있었다. 들어오다가 넘어진 아버지는 머리부터 바닥에 떨어지는 바람에 두 번 다시 일어나지 못했다.

아버지를 잃은 재원이와 누나는 할머니와 함께 살게 되었다. 재원이 남매에게 평화가 찾아왔다. 아버지의 죽음은 더 이상 맞지 않아도 된다는 것을 뜻했다. 재원이는 아버지의 부재가 오히려 기뻤다.

아버지의 폭력에서 벗어난 재원이는 빠르게 일탈하기 시작했다. 초등학교 2학년 때부터 담배를 피웠으며 곧이어 가출을 했고 동네 불량배들과 어울렸다. 재원이가 첫 범죄를 저지른 것은 중학교 1학년 때였다. 특수절도였다. 형사입건과 출석 미달로 2학년에 진급하지 못했다. 다시 1학년을 다니다 학교를 그만두었다. 그리고 16세가 되던 해부터 1년 반 동안 총 11건의 비행을 저질렀다. 사람을 때리고 돈을 빼앗았다. 자동차를 훔치고 무면허로 운전을 했다. 보호관찰 기간 중에도 또다시 비행을 저질렀다. 모두 소년사건으로 처리되었다. 그러던 중 크리스마스 다음 날 절도로 체포되었다. 1년을 넘게 소년원에서 지내고 출소했다. 하지만 재원이는 6개월 후 다시 특수절도로 체포되었다.

재원이가 마음 한 편에 자리한 기억이 아닌 현실에서 생생하게 엄마의 목소리를 다시 들은 건 16세가 되어서였다. 소년원에 입소한 재원이에게 엄마가 전화를 해온 것이다. 어찌된 영문인지는 모르겠지만 소년원에서 수소문 끝에 엄마를 찾아주었던 것 같다. 기억 속에만 존재하던 '엄마'가 감각으로 다가오는 순간이었다. 단어로만 존재하는 것이 아니라 이 세상에 실재한다는 것을 깨달은 그 순간을 재원이는 결코 잊을 수 없었다. 재원이는 떨고 있었다. 수화기 너머 엄마도 떨고 있었다. 그 떨림이 수화기를 통해 재원이에게 전달되었다.

청소년법률지원센터를 찾은 재원이는 두 가지를 부탁했다. 첫 번째는 당연히 변론을 해달라는 것이었다. 그런데 두 번째 부탁은 내가 감당할 수 없을 정도로 무거운 것이었다. 17세 소년이 변호사를 찾아와 어렵게 꺼낸 말은 어떠한 형용사로도 온전히 표현할 수 없는 충격에 몰아넣었다.

"엄마에게 소송을 걸고 싶어요."

엄마는 소년원에 여러 번 면회를 왔다. 재원이는 엄마에 대한 기억은 하나도 없었지만, 두 번 다시 못 볼 줄 알았던 엄마를 보게 된 것만으로도 행복하고 순수했던 어린 시절로 돌아간 듯했다. 그렇게 엄마를 다시 만난 재원이는 새 삶을 사는 것 같았다. 엄마는 소년원에서 나온 재원이를 데려갔다. 엄마는 재혼을 한 상태였고 터울이 많이 지는 어린 동생도 있었다. 다시 만난 엄마, 자신을 때리지 않는 아버지, 귀여운 동생. 재원이는 이렇게만 산다면 매일이 행복할 것 같았다.

하지만 재원이의 행복은 길지 않았다. 엄마와 함께 살게 된 지 몇 달 되지 않아 기억도 나지 않는 이유로 동생과 싸웠다고 했다. 선명하게 기억나는 것은 동생 얼굴에 멍이 들었고 코피가 났는데 우는 동생을 안아 달래며 자신을 노려보며 엄마가 했던 말들이었다.

"소년원까지 다녀오고서도 여태 그 손버릇을 못 고쳤니! 그 버릇 고칠 때까지 집에는 들어오지도 마!"

그 말을 듣는 순간 재원이는 분노가 치밀었다. 그리고 그길로 집을 나갔다. 몇 개월을 거리에서 살다 문득 엄마가 보고 싶었다. 하지만 엄마는 전화를 받지 않았다. 집으로 찾아갔지만 다른 사람이 살고 있었다. 그렇게 재원이는 엄마에게 또다시 버림받았다.

그럼에도 재원이는 여전히 엄마가 보고 싶었다. 소송을 걸어달라는 것은 엄마가 사는 곳을 알고 싶어서였다. 누군가에게 소송을 걸면 주소를 알 수 있다는 말을 들었다고 한다. 사실조회 등을 하면 되니 재원이 어머니 주소를 알아내는 것은 어렵지 않았다. 하지만 소송까지 불사하며 한 일이 재원이에게 긍정적인 효과를 가져다줄지 의문이었다. 쉽게 결론을 내릴 수 있는 일은 아니었다. 결국 어머니 문제는 전문 상담사에게 의뢰했다.

재판이 끝난 후 재원이는 연락이 닿지 않았다. 그렇게 재원이는 기억 속에서 잊혀갔다. 재원이에게 연락이 다시 온 것은 또 다른 사고를 치고 나서였다. 변론을 했고 벌금형이 나왔다. 300만 원은 재원이가 낼 수 없는 돈임이 명확했다. 300만 원을 메우기 위해 재원이는 노역을 살아야 할 것이다. 벌금을 조금이라도 줄여보고자 항소를 했다.

하지만 또다시 재원이와 연락이 끊겼다. 재원이의 소재는 2심 법원에서 찾아주었다. 그사이에 다른 범죄를 저지른 재원이는 구치소에 있었다. 구치소에서 나오면 성인이 되는 재원이에게 우리 사회는 더욱 냉정할 것이다. 해체된 가정에서 일찍부터 비행을 저질러온 재원이는 이제 만성적 범죄자가 되어가는 것 같다. 엄마를 찾아달라는 재원이를 상담사와 연계해주지 않고 직접 엄마에게 데려다주었다면 재원이의 삶이 조금은 달라졌을까. 이미 돌이킬 수 없는 일이지만 진한 아쉬움과 죄책감이 남는다.

10장

범죄   사실조차
인지하지
                                   못하다

아이큐 73과 아이큐 70

우리 사회에는 청소년에 대한 두 가지 환상이 존재한다.
하나는 '청소년이라면 마땅히 이래야 한다'는 환상이다.
착하고 예의 바르며 순수할 것이라는 고정관념이다. 단정
한 교복 차림에 어른에게 공손하며 열심히 공부하는 모
습의 청소년이 그것이다. 이를 '모범생 환상'이라 부르자.
또 하나는 반대의 환상이다. 간혹 하이틴 영화에 등장하
는 일진들, 뉴스에 보도되는 잔인무도한 소년범들이 보여
주는 비행청소년의 이미지다. 이는 '비행청소년 환상'이
라 부르자.

이렇듯 우리 사회는 청소년을 모범생과 비행청소년으
로 양분하는 집단 무의식에 빠진 것 같다. 하지만 모범생
과 비행청소년은 청소년 중 극히 일부분일 뿐이다. 게다

가 모든 청소년이 모범생이어야 하는 것은 아니다. 마찬가지로 모범생이 아닌 청소년이 모두 비행청소년인 것도 아니다.

주형이의 첫인상은 전형적인 모범생이었다. 헤어스타일은 단정했고 옷차림도 말끔했다. 얼굴 근육을 마비시킬 것 같은 2월의 찬바람이 불던 날이었지만 문을 열고 들어오는 주형이의 얼굴은 해맑은 미소를 머금고 있었다. 그러나 그런 주형이의 입에서 나온 말은 어지간한 소년범은 다 상대해보았다고 자부하던 나를 얼어붙게 만들었다. 한 여성을 7명의 남성이 강간했다는, 뉴스에서나 볼 법한 이야기가 그 순진무구해 보이는 얼굴에서 흘러나왔다.

더욱 충격적이었던 점은 이미 경찰조사는 끝났고 검찰 조사를 받으러 가던 길이라는 것이었다. 7명이 연루된 윤간 사건의 피의자 조사를 받으러 가는 이의 얼굴이 이토록 평온할 수 있을까. 나는 순간 그가 사이코패스가 아닐까 의심했다. 그렇지 않고는 이처럼 끔찍한 범죄를 저지르고도 아무 일 없었다는 듯이 태연할 수 있단 말인가! 그것도 몇 시간 후에 있을 검찰 조사를 앞두고 말이다.

하지만 주형이와 10여 분 이야기를 나누자 곧 내가 지독한 선입견에 빠져 있음을 깨달았다. 청소년은 모범생과 비행청소년만 존재한다는, 모범생과 비행청소년은 외모에서부터 확연히 차이가 난다는 그 착각 말이다. 주형이를 보자마자 외모만으로 모범생이라 생각했다. 그리고 주형이의 말을 듣고서는 비행청소년이라 단정 지었다. 비행청소년이 모범생의 표정을 짓는 것을 보고 사이코패스라고 생각했다. 선입견은 그것을 갖지 말자는 강박관념 속에서도 조그마한 틈만 있으면 비집고 나온다.

주형이와 상담을 이어가던 나는 지금 검찰 조사를 받으면 안 된다는 판단을 했다. 급히 선임계를 작성하고 주형이와 같이 검찰에 출석해 조사를 연기했다. 주형이의 지능이 평균보다 낮다는 것을 발견했기 때문이다. 사건을 파악하기도 전에 지적장애가 의심되는 피의자를 아무런 대비도 없이 검찰에 보낼 수는 없었다. 곧바로 주형이의 정신감정을 의뢰했다. 아이큐 73이 나왔다. 예상했던 결과였지만 지적장애는 아니었다.

지적장애는 지능지수를 기준으로 3등급으로 나뉘는데, 상대적으로 심각도가 낮은 상태가 지적장애 3급으로 아이큐 50 이상 70 이하인 사람들이 이에 해당한다. 아이큐 지수 3점 차이로 주형이는 지적장애 판정에서 비켜났다. 하지만 이는 동시에 지적장애인으로서 받을 수 있는 혜택 또한 모두 박탈당한다는 것을 뜻했다. 형사재판에서 지적장애를 인정받느냐 그렇지 못하느냐는 엄청난 차이를 만들어낸다. 지적장애 판정을 받는다면 심신미약에 준해서 감형 처분을 받을 수 있지만 그렇지 못하면 온전히 비장애인으로 취급된다. 그렇다면 아이큐 73과 아이큐 70이 과연 어떠한 차이가 있을까.

공동정범

정신감정서를 받아들고 나서야 주형이의 행동이 모두 이해되었다. 그처럼 끔찍한 사건에 연루되었음에도 평온한 미소를 띠었던 점, 검찰 조사를 몇 시간 앞둔 피의자임에도 그토록 여유로웠던 점이 모두 이해되었다. 그리고 하나 더, 주형이는 자신이 무죄라고 확신했다. 그렇기에 검찰 조사 역시 당당히 받으면 그만이고 당연히 재판도 받지 않을 것이라 확신하고 있었다. 형사재판에서 무죄선고 확률이 1퍼센트에 불과한 나라에서 이처럼 바보스러울 정도로 순진한 생각을 하다니……. 그것도 특수준강간으로 피해자와 합의 없이 재판에 넘겨진다면 최소 4~5년 형은 예상되는 중범죄였는데 말이다. 지적장애가 아니면 설명할 수 없는 일들이었다.

고등학교를 1학년까지만 다니고 중퇴한 주형이는 오랜 기간 아르바이트를 전전하다 학교를 그만둔 지 2년 만에 취업을 했다. 그런 주형이를 축하해준다며 친구들이 모였다. 그렇게 남자 7명은 동네 호프집에서 술을 마셨다. 왁자지껄 신나게 술잔을 나누던 주형이 일행에게 옆 테이블의 여성 2명이 보였다. 비슷한 또래 같았고 남자 일행은 없었다. 말주변은 없지만 호감형이어서 여성들에게 인기가 많았던 주형이가 나섰다. 여성들은 흔쾌히 합석에 응했다. 그녀들도 주형이와 같은 19세였다. 그렇게 동갑내기 9명은 영업시간이 끝나는 새벽 3시까지 술을 마셨다.

주형이네와 함께 술을 마신 여성들은 몸을 가누는 것도 버거운 듯 벽에 기대어 있었다. 한 여성이 이내 바닥에 주저앉았다. 주형이네 일행 중 하나가 나머지 친구들을 한쪽으로 불러 "우리 쟤 돌리자!"라며 한마디를 뱉었고 나머지 남성들은 일제히 바닥에 널브러져 있는 여성을 바라보았다. 단 한 사람, 주형이를 제외하고. 주형이는 이제 몇 시간 후면 첫 출근을 해야 했다. 술 취한 여성과 억지로 성관계를 하는 것도 내키지 않았다. 주형이 친구들은 여자들에게 다가갔다.

몇 번의 실랑이가 오갔지만 다른 여성도 이미 많이 취한 상태였고 만취한 친구를 부축하느라 지칠 대로 지쳐 있었다. 그녀는 곧 친구를 낯선 남성들에게 맡기고 떠났다. 남겨진 여성은 남성 6명에 의해 어디론가 끌려갔다. 그리고 그들을 뒤로한 채 주형이는 혼자 집으로 향했다. 욕망을 분출하기 위한 잔혹한 범죄를 앞둔 주형이의 친구들은 주형이가 없어졌다는 것조차 눈치채지 못했다. 일행들이 주형이가 보이지 않는다는 것을 알게 된 것은 범행 장소로 선택된 민성이의 고시원에 도착하고 나서였다.

"야! 너 어디야?"

"집에 가고 있어."

"왜? 민성이네 고시원으로 빨리 와!"

"나, 몇 시간 이따 출근해야 해. 그리고 나는 술 취한 여자랑 하는 거 관심 없어."

"그럼, 일단 이리로 와! 금방 끝나니까. 해장국이나 한

술 뜨고 들어가. 출근하는데 해장국은 먹어야지."

주형이가 고시원에 도착했을 때는 범행이 거의 끝나갈 때였다. 주형이는 고시원 주방에서 잠시 기다리다 친구와 함께 건물 밖으로 나왔다. 두 사람은 인근 국밥집에서 해장을 했다.

고시원에서 나온 여자는 곧바로 경찰서에 신고했다. 다음 날 주형이를 포함한 7명은 하루 만에 모두 검거되었다. 가담의 경중에 따라 4명은 구속되었고 주형이를 포함한 3명은 불구속 상태에서 재판을 받게 되었다. 검찰은 이들을 공동정범으로 기소했다.

범죄를 혼자 저지르면 단독정범, 여럿이 함께 저지르면 공동정범이 된다. 흔히 각각 단독범, 공범이라고 한다. 싸움과 같은 폭행 사건을 제외한 소년범죄는 공범이 많다. 아무리 소위 잘나가는 일진이라고 해도 혼자 범행을 저지르기에는 그 정도의 대담함은 없기 때문이다. 물건을 훔치러 가게에 들어가도 친구와 같이 가지 혼자 가는 경우는 드물다. 소년범죄의 이와 같은 특성 때문에 죄명 앞에 '특'이라는 수식어가 붙는다. 특수절도, 특수강도 등이다. 형법은 여럿이 함께 범죄를 저지르면 일반 범죄와 달리 특수한 경우로 취급하기 때문이다. 물론 형량도 더 높아진다.

이와 같이 공범이 있는 사건에서 청소년들이 크게 착각하는 것이 있다. 바로 공범 관계의 성립 또는 이탈이다. 많은 청소년이 사건이 발생하고 경찰에 붙잡히면 "저는 망만 봤어요"라고 한다. 변호사, 아니 법을 조금이라도 아는 일반인이 들어도 어이없는 항변이다. 공범은 범죄에 대한 기능적 분배, 즉 범죄를 저지르는 데 조금이라도 도움을 주는 행동을 했다면 성립한다. 망을 본 것은 대표적인 공범이다. 그리고 공범은 정범과 동일하게 처벌한다. 친구들이 가게를 터는 데 망을 보았다면 친구들과 동일하게 처벌받는 것이다.

비슷한 상황으로 범행 현장에서 빠져나오는 경우가 있다. 가게에 물건을 훔치러 갔다가 순간 겁이 나서 혼자서만 빠져나온 경우다. 이런 경우에 청소년들은 "같이 훔치러 간 건 맞지만, 저는 훔치기 전에 먼저 집에 갔어요"라며 무고함을 호소한다. 하지만 형법은 공범 관계에서 이탈하려면 단순히 범행 현장에서 빠져나오는 것만으로는 부족하고 범죄를 중단시키기 위한 적극적인 행동을 해야 한다고 본다. 예를 들어 함께 물건을 훔치러 가던 길에 겁이 나 그만두고 싶어졌다면 친구를 뜯어말리거나, 친구가 말을 듣지 않으면 경찰에 신고해야 한다. 만일 그렇지 않고 중간에 혼자 빠져나왔다면 범죄를 함께 저지른 것과 마찬가지다.

그러니 범죄 현장에는 가지도 말아야 한다. 피치 못하게 범죄 현장에 있게 된다면 말리거나 신고해야 한다. 그 자리에 함께 있었다는 이유만으로도 공범이 될 위험이 있기 때문이다. 폭행은 함께할 의도 없이 범죄 현장에 있다가 공범이 되는 대표적인 사례. 싸움이 대등한 관계에서 이루어지는 소위 '맞짱'이면 문제되지 않지만, 피해자가 일방적으로 구타당했다면 구경한 친구들까지 공범으로 처벌받을 수 있다. 피해자는 자신의 주위를 둘러싸고 구경한 가해자의 일행들도 함께 위협을 가했다고 느낄 수 있기 때문이다. 그랬다면 단순한 싸움 구경이 공동폭행의 공범으로 확대되게 된다. 싸움을 말리지 않고 구경한 것은 비난받을 행동이다. 도덕적으로 문제될 수는 있지만 범죄는 아니다. 하지만 그것이 위협이 아닌 단순한 구경이었다는 점을 입증하기란 매우 어렵다.

특별한 죄의식 없이 범죄 현장에 함께 있거나, 그것을 구경하는 청소년들은 의외로 상당히 많다. 타인의 고통을 공감하는 능력이 미숙한 청소년의 특성이 어느 정도 반영된 결과일 것이다.

지적 능력이 떨어지는 가해자의 범죄는 사회적 질병

주형이도 마찬가지였다. 주형이는 친구와 해장국을 먹기 위해 기다렸을 뿐이라고 진술했다. 경찰은 그저 어이없어 할 뿐이었다. 그토록 끔찍한 범행 현장에서 해장국을 먹기 위해 범행이 끝날 때까지 태연하게 기다렸다는 진술을 믿을 사람은 아마도 찾기 어려울 것이다. 경찰과 검찰이 믿지 못하는 것은 당연했다. 재판부도 마찬가지였다.

내가 재판부에 정신감정서를 증거로 제출하겠다는 의견을 밝히자 순간 재판장은 미간을 찌푸렸다.

"변호인, 심신미약 주장하시게요?"

"심신미약은 아니고요. 피고인이 해장국을 먹기 위해 범행 현장에서 기다렸다는 진술을 이해시켜 드리려고 합니다."

그러자 재판장은 7명이 주욱 앉아 있는 피고인석을
바로 보며 말했다.

"이주형 피고인!"

"네."

"피고인, 지적장애인이에요?"

"아니요, 아닙니다. 변호사님이 감정받아 보시고는 지
적장애가 있다고 하세요."

그 말이 끝나기 무섭게 재판장은 나를 흘겨보았다. 변
호사가 되고 나서 법정에서 그처럼 싸늘함을 느껴본 적은
없었다. 판결에 유리했으면 유리했지 불리할 것은 전혀
없는 지적장애 의심 정황을 피고인이 스스로 부인하는 상
황이었다. 그것도 자신은 정상인데 변호인이 시켜서 그렇
다는 자폭 같은 발언. 그 자체로 경계선성 지적장애가 아
니면 설명할 수 없는 상황이었다. 하지만 재판정에 있던
모든 사람이 나를 '피고인의 무죄를 받아내기 위해서라면
무엇이든 가리지 않고 하는 파렴치한 속물 변호사'로 바
라보는 것 같았다. 그럼에도 굴하지 않고 증거조사 신청
을 했다.

"재판부를 통해서 받은 감정이 아닌데요?"

"네. 변론 전에 감정을 받았습니다."

"어디서 받은 감정이죠?"

"가톨릭대학병원입니다."

대학병원에서 받은 감정서여서인지 재판장의 의심이 조금은 수그러진 느낌이었다. 지역 병원이었다면 감정서 자체를 신뢰하지 않았을 것이다. 재판장의 노골적인 불만에도 끝내 감정서를 제출했던 것은 주형이의 결백을 확신했기 때문이다. 모든 이가 이미 주형이를 특수준강간범으로 단정 짓고 있었다. 심지어 유죄가 확정될 때까지는 피의자를 무죄로 보아야 하는 재판장까지도 주형이의 유죄를 확신하는 눈치였다. 물론 주형이가 변호인까지 철저히 속일 수도 있겠지만, 몇 날 며칠 상담하면서 깨달은 건 주형이는 타인을 속일 수 있을 만큼의 지적 능력이 없었다.

자신의 주변에서 벌어졌던 범죄의 심각성을 인지조차 못한 아이큐 73의 청소년. 하지만 우리 사회는 그를 이미 범죄자로 낙인찍어버렸다. 경찰도 검찰도 주형이의 말을 믿지 않았다. 법원에서까지 주형이는 이미 범죄자였다. 주형이를 믿어주는 사람은 오직 나뿐이었다. 나마저 그를 믿어주지 않는다면 주형이는 이 세상에 혼자 버려지게 된다. 재판장의 싸늘한 눈초리 같은 건 문제되지 않았다.

다행히 술집 앞에서 주형이가 이탈한 것, 친구가 주형이에게 전화를 한 것이 입증되었다. 그 친구의 진술 역시 주형이가 말한 바와 일치했다. 피고인 7명 중에서 유일하게 주형이만 무죄를 선고받았다.

강간 사건에서 무죄를 받으면 신문에 그 사실을 게재할 권리를 가진다. 하지만 대부분의 사람은 자신이 강간 사건에 연루되었다는 사실 자체를 숨기고 싶어 하기에 게재를 원하지 않는다. 그 때문에 신문 게재 여부를 묻는 질문은 형식적으로 지나가고는 한다. 그러나 주형이는 그 질문조차 이해하지 못했다.

"피고인, 무죄를 받은 사실을 신문에 게재할 수 있는데 그러길 원하시나요?"

"네? 제가 신문에 난다고요?"

"피고인이 '무죄'라는 것을 신문에 게재하실 건지 묻고 있는 겁니다."

"네? 저를 신문에 낸다고요?"

재판장의 얼굴에 알 수 없는 쓴웃음이 스쳐지나갔다.

나는 판사에게 무죄를 선고해달라고 말하지 않는다. 단지 범죄 내용, 외모, 행실만으로 법정에 선 청소년을 판단하지 않기를 호소한다. 그들의 내면을 바라봐주기를, 그들이 살아온 짧은 삶 속에서 얼마나 많은 고통을 겪어야 했는지, 그 고통이 그들을 어떻게 왜곡시켰는지를 바라봐주기를 바란다. 아니 사실은 모범생의 환상에서 벗어나 있는 그들을 그저 '비행청소년 환상'으로만 바라보지 않기만을 바라는 것인지도 모른다.

검찰은 항소를 했다. 항소심에서도 주형이는 무죄를 선고받았다. 항소심까지 끝나는 데 2년 가까운 세월이 걸렸다. 법정을 나오면서 주형이에게 따끔하게 충고를 했다. 무죄를 선고받았다고 해서 죄가 없는 것은 아니다. 그처럼 끔찍한 범죄를 저지르는 친구들을 말리기는커녕 범죄가 끝나길 태연히 기다린 건 아무리 경계선성 지적장애라고 하더라도 분명한 잘못이었다. 무엇이 잘못된 행위인지 모른다면, 타인의 고통을 느낄 수 없다면 언제든 다시 범죄를 방조할 수도, 더 나아가 범죄자가 될 수도 있을 것이다.

경제력이 있던 가해자 측 부모 몇몇은 피해자에게 사

과와 함께 피해보상금을 건넸다. 돈이 전부는 아니지만 최소한의 피해보상도 받지 못한 채 피해자와 그의 가족들이 금전적인 고통을 감수해야 하는 경우를 많이 봐왔던 터라 그나마 다행이다 싶었다. 피해자의 육체적인 상처는 금세 아물었다고 한다. 신체에 가해진 상흔은 아물었지만, 폭력의 잔상은 평생 피해자를 따라다닐지도 모르겠다. 부디 피해자가 이 사건이 자기의 잘못으로 빚어진 일이라고 자책하지 않기를, 하루빨리 일상으로 돌아가 청춘의 한 페이지를 아름답고 좋은 기억들로만 써 내려가기를 바란다.

11장

범죄를 ___ 저지르지 않아도
소년원에
_____ 가야 한다면?

통고제의 빛과 그림자

청소년이 범죄를 저질렀다면 당연히 꾸짖고 혼내야 한다. 그리고 일탈을 꾀하는 청소년이 있다면 더 큰 범죄를 저지르지 않도록 교육하고 훈계해야 한다. 청소년이 올바르게 성장할 수 있도록 이끄는 것은 우리 사회의 의무이자 역할이다.

청소년을 꾸짖고 선도하는 것은 가정, 학교, 사회가 할 수 있다. 그러나 이들이 손을 쓸 수 없을 만큼 일이 커진다면 경찰과 검찰, 법원이 개입해야 한다. 그렇다고 해서 범죄를 저지를 우려가 있다는 이유만으로 사람을 잡아 가둘 수는 없다. 이는 나이 어린 청소년이라고 할지라도 마찬가지다. 어른들은 그들이 잘못된 길을 가지 않도록 관심을 가지고 지켜보아야 한다. 그러나 소년법에는 범죄를 저지르지 않았음에도 범죄를 저지를 위험성이 크다는 이유로 청소년을 법정에 세워 처분할 수 있는 제도가 있다. 바로 '통고'다.

소년법은 통고제의 대상이 되는 청소년을 세 가지 유형으로 구분한다. 첫 번째는 무리를 지어 다니며 주위 사람들을 불안하게 하는 청소년, 두 번째는 정당한 이유 없이 가출한 청소년, 마지막은 술을 마시거나 유해환경에 노출되어 있는 청소년이다.

법원은 통고제가 청소년에게 매우 유익한 제도이기 때문에 이를 적극적으로 활용할 것을 홍보한다. 법원이 내세우는 통고제의 장점은 청소년이 비행을 저지르기 전에 신속하게 처분을 내릴 수 있다는 점이다. 통고제를 활용하지 않으면 청소년이 비행을 저지를 때까지 기다렸다가 처벌해야 하는데, 통고제를 활용하면 사전에 범죄를 예방하는 데 매우 적절한 수단이라는 것이다.

하지만 법원이 주장하는 통고제의 장점이 정당하려면 다음과 같은 두 가지 조건이 충족되어야 한다. 하나는 해당 청소년에게 통고제를 적용하지 않으면 반드시 짧은 시간 내에 범죄가 발생해야 한다. 다른 하나는 통고제를 통한 처분을 당사자가 수긍해야 한다. 그러나 타임머신이 존재하지 않는 한 일어나지도 않은 일을 알아맞힐 수는 없다. 그리고 통고된 청소년이 이러한 처분에 수긍할 것이라는 기대는 법원이 만들어낸 환상일 뿐이다. 청소년이 자신에게 내려진 통고 처분을 이해할 수 없다면, 억울함과 분노를 유발할 뿐이다. 이는 결국에 청소년을 또 다른 일탈이나 범죄로 내몰 위험성을 가져온다.

금세 들통이 날 범죄를 저지른 이유

앞으로 범죄를 저지를 우려가 있다는 이유로 통고 처분을 받은 소년이 있었다. 현석이 어머니가 나를 찾아왔던 날은 시간이 아무리 오래 지나도 잊히지 않는다. 어머니는 전화를 걸어와 다짜고짜 찾아오겠다고 했다. 왜 그러시냐고 해도 만나서 이야기하자며 막무가내셨다. 그렇게 현석이 어머니를 만났는데, 어머니는 자신이 죄인이라며 연신 눈물을 훔치셨다. 어머니는 자신의 손으로 아들을 소년원에 보냈다고 했다. 소년원에 보내면 아들이 착해져 돌아올 줄 알았는데, 오히려 걷잡을 수 없을 만큼 사고를 치고

다닌다는 것이었다. 상담 끝에 현석이 사건을 수임하기로
했다.

　현석이 이야기도 직접 들어보고 싶었지만, 현석이는
엄마의 전화는 전혀 받지 않았고 집에도 들어오지 않고
있었다. 그래서 어머니에게 현석이의 전화번호를 건네받
아 직접 연락을 했다. 재판을 앞두고 있어서인지 현석이
는 제 발로 사무실을 찾아왔다.

　현석이는 1년 동안 소년원에 송치되는 9호 처분을 받
아 소년원 생활을 하던 중 만기를 2개월 정도 남기고 임
시 퇴원을 했다. 임시 퇴원한 청소년은 일정 기간 보호관
찰을 받게 된다. 임시 퇴원은 가석방과 비슷해 보호관찰
기간 중에 범죄를 저지르면 다시 소년원에 들어가 남은
형기를 마쳐야 한다. 그 때문에 임시 퇴원으로 나오면 조
심스럽게 생활하는 것이 일반적이다.

　하지만 현석이는 임시 퇴원 첫날부터 사고를 쳤다. 알
고 지내던 동네 친구를 불러낸 뒤 다짜고짜 스마트폰을
빼앗았다. 그러고는 중고거래 사이트에 매물을 올린 오토
바이 판매자에게 연락했다. 그리고 시운전을 해보겠다며
열쇠를 받아든 뒤 그대로 달아났다. 스마트폰을 빼앗긴

친구는 곧바로 경찰에 신고했다. 오토바이 판매자 역시 마찬가지였다. 이 외에도 경찰이 파악한 현석이의 범죄는 더 있었다. 모두 임시 퇴원한 지 1개월도 채 되지 않아 벌인 일들이었다.

현석이는 마치 경찰에 잡히기 위해 범죄를 저지른 것 같았다. 자신의 신분을 명확히 드러내놓고 범죄를 저질렀다. 완전범죄는커녕 나를 잡아가시오 하는 수준이었다. 나머지 범죄 역시 별반 다르지 않았다. 마치 누군가에게 보란 듯이 시위하는 듯했다. 어머니는 현석이가 자신에게 반항하기 위해 범죄를 저지르고 있다고 했다.

어머니에게 현석이가 소년원에 가게 된 연유를 물어보았다. 돌아온 대답은 매우 당혹스러웠다. 어머니가 통고를 신청했다는 것이다. 그렇다고 하더라도 9호 처분은 이해할 수 없었다. 범죄를 저지르지 않은 청소년을 소년원에 보낸다는 것은 소년사건을 전문으로 하는 나조차도 상상할 수 없는 일이었거니와, 본 적도 없는 일이었다.

고등학교 1학년인 현석이는 학교를 가는 날보다 그렇지 않은 날이 많았다. 어쩌다 학교에 가면 잠을 자거나 친구들과 크고 작은 말썽을 일으켰다. 학교에 가지 않을 때는 친구들과 거리를 어슬렁거렸다. 학교에 가지 않고 무리를 지어 동네를 배회한 현석이는 소년법이 규정한 통고 대상과 정확히 일치했다.

어느 날 현석이의 담임교사는 어머니에게 통고를 신청하자고 했다. 통고가 무엇이냐고 묻자 범죄를 저지르기 전에 판사에게 적절한 처분을 요청하는 것이라고 했다. 아무리 그래도 죄를 저지르지 않은 아들을 법정에 세우는 것은 말도 안 되는 일이었다. 담임교사는 현석이를 이대로 내버려둔다면 조만간에 더 큰 사고를 칠지도 모른다고 했다. 사고를 치기 전에 적절한 조치를 취해야 전과자가 되는 것을 막을 수 있다는 말도 덧붙였다. 그러면서 소년원은 교도소가 아니라 기술도 가르쳐주고 여러 가지 교육도 해주는 학교 같은 곳이라고 했다. 그 말을 곧이곧대로 믿은 어머니는 통고를 신청하고 법원에 현석이를 소년원에 보내달라는 탄원서를 제출했다.

어머니의 말을 도저히 믿을 수 없었다. 설령 어머니의 말이 사실이더라도 9호 처분은 지나쳤다. 사건 자료에도 현석이가 소년원에 간 사유는 기록되어 있지 않았다. 어머니가 무언가 잘못 알고 계신 것 같았다. 법원은 현석이에게 보호관찰 처분을 내렸을 것이다. 그러나 현석이는 보호관찰소에 가지 않았고 보호관찰소는 그런 현석이에게 처분 변경 신청을 했을 것이다. '이렇게 처분이 몇 차례 변경된 끝에 결국 소년원에 갔을 것이다'라고 결론을 내릴 수밖에 없었다. 그런데 자료를 좀더 찾아본 결과, 2011년부터 2016년 6월까지 통고 처분이 내려진 사건 가운데 소년원에 보내는 9~10호 처분은 무려 51건에 달했다.

현석이에게 물어보는 방법밖에 없었지만 도저히 입 밖으로 말이 나오지 않았다. 아무리 담임교사의 권유와 설득이 있었다고 하더라도 부모가 자식을 소년원에 보냈다는 사실을 담담히 받아들일 사람은 없을 것이다. 하지만 현석이의 분노가 어디서 시작되었는지를 알아야 제대로 된 지원이 가능하다고 판단했다.

"현석아, 소년원에는 왜 가게 되었는지 자세히 말해줄 수 있겠니?"

"오래전이라서 기억이 나지 않아요."

"그걸 알아야 지금의 네 마음을 가장 잘 이해할 수 있을 거 같아서 그래."

"정말로 기억이 안 나요."

현석이는 끝끝내 소년원에 가게 된 이유를 말하지 않았다. 결국에는 어머니의 말을 믿을 수밖에 없었다. 부모와 담임교사에 의해 소년원에 가게 된 현석이의 마음속에는 억울함과 분노만이 쌓였을 것이다. 그리고 그러한 울분을 안은 채 퇴소한 현석이는 세상과 엄마를 향해 보란 듯이 비행을 저질렀을 것이다. 그것이 현석이가 생각한 복수 아니었을까.

그런 현석이에게 어머니의 제대로 된 마음을 전해주고 싶었다. 하지만 그 후로 현석이는 연락이 되지 않았다. 검찰은 임시 퇴원하자마자 범죄를 잇달아 저지른 18세의 청소년에게 소년재판을 받을 수 있는 아량 같은 것은 베풀지 않았다. 현석이는 일반 형사재판에 송치되었다. 어찌된 일인지 보호관찰소는 현석이의 임시 퇴원을 취소하지 않았다. 만약 임시 퇴원이 취소되어 다시 소년원에 수용되었다면 재판 출석은 소년원에서 맡아 진행하게 된다.

법원은 현석이에게 벌금형을 선고했다. 어머니는 항소를 하자고 했다. 그러나 현석이의 항소는 맡지 않았다. 형량을 낮출 자신이 없었다. 무엇보다 현석이의 닫힌 마음을 열 자신이 없었다. 현석이의 속마음도 듣지 못한 채로 그를 다시 한번 법정에 세우는 것이 결코 좋은 일이라는 판단도 서지 않았다. 그 이후로 현석이의 소식은 듣지 못했다. 아마도 현석이는 소년원에 다시 수용되어 남은 기간을 채우고 나왔을 것이다. 출소한 이후에 마음속 깊숙한 곳에 자리한 분노와 원망 때문에 또다시 범죄를 저질렀을지도 모른다. 아니면 나의 기우와 달리 어머니와 해묵은 갈등을 해소하고 일상으로 돌아가기 위해 애를 썼을 수도 있다. 부디 후자의 길을 걸었기를 간절히 바라본다.

12장

아버지의 ____ 믿음이 불러온 변화

텅 빈 집이 싫어서 거리를 떠돌다

진성이의 죄명은 특수공무집행방해죄와 상해죄였다. 교통 단속 경찰을 시속 50킬로미터로 달리는 오토바이에 매달고 40미터를 끌고 다녔다고 한다. 이는 3년 이상의 징역형에 해당하는 매우 중대한 범죄다. 진성이가 살인미수로 입건되지 않은 것이 다행일 정도였다. 그런데 검찰은 진성이를 소년재판부로 송치했다. 죄질을 고려한다면 아무리 청소년이라고 하더라도 소년사건으로 처리된다는 것이 이해하기 어려웠다. 이 사건 뒤에 무언가 더 있다는 생각이 들었다.

그날도 여느 때처럼 수업이 끝난 뒤 진성이는 원형이를 오토바이 뒤에 태우고 집으로 향했다. 하나뿐인 헬멧은 진성이가 썼다. 신호 대기 중이던 오토바이 앞으로 경찰차가 멈추어 섰다. 조수석에서 내린 경찰이 오토바이 쪽으로 다가가는 순간, 공교롭게도 그때 신호등이 청색으로 바뀌었다. 오토바이는 경찰차를 지나 유유히 떠나갔다.

CCTV에는 진성이와 원형이가 입고 있던 교복, 오토바이가 근처에 있는 아파트로 들어가는 모습, 오토바이 번호판이 선명하게 찍혀 있었다. 경찰이 진성이의 신원을 파악하는 데는 몇 시간이면 충분했다. 다음 날 경찰은 학교로 연락을 했고, 담임교사는 이 소식을 진성이 아버지에게 알렸다.

진성이는 초등학교 6학년 때 어머니를 잃었다. 어머니는 3년 동안 병치레를 하다 결국 진성이를 남겨두고 숨을 거두었다. 어머니의 오랜 투병 생활로 빚을 지게 된 아버지는 마땅한 기술 없이 공사장에서 잡부로 휴일도 없이 일했다.

그 덕분에 몇 년 지나지 않아 빚을 모두 갚을 수 있었다. 하지만 경기가 나빠지기 시작하면서 아버지는 돈을 벌기 위해 지방을 전전했다. 지방에서 일주일씩 머물다 올라오는 일이 잦아졌다. 그만큼 진성이 홀로 집을 지켜야 하는 시간도 길어졌다.

아버지의 지방 출장이 잦아지면서 진성이에게는 새로운 버릇이 생겼다. 적적함이 싫었던 진성이는 집에 들어가면 가장 먼저 TV를 켰다. 그럼에도 외로움은 가시지 않았다. 외로움의 무게가 TV 소리마저 삼켜버릴 즈음 진성이는 집이 아닌 거리를 선택했다.

거리에서의 생활이 익숙해질수록 비행의 강도도 세졌다. 결국 진성이는 특수절도 혐의로 법정에 섰다. 초범인 데다가 범죄 피해도 크지 않아 소년사건으로 송치되었다. 법정에서 아버지는 "제가 죽일 놈입니다. 돈을 벌어야 아들놈을 제대로 키울 수 있을 것 같았습니다. 그래서 죽어라 일만 했습니다. 하지만 그것이 아들놈을 망치는 일이 될지는 꿈에도 생각하지 못했습니다. 정말 바보 같은 생각이었습니다. 제발 이놈을 집으로 돌려보내주시면 제가 목숨을 걸고 잘 키우겠습니다"라며 눈물로 호소했다. 진성이에게는 1호와 4호 처분이 내려졌다. 1호 처분은 보호자에게 돌려보낸다는 것이고, 4호 처분은 보호관찰이었다.

법정을 나온 아버지는 진성이에게 친구들 다 데리고 오라며 딱 한마디를 건넸다. 아버지는 진성이가 또다시 비행을 저지르지 않게 하려면 같이 어울리는 친구들을 끊어내야 한다고 생각했다. 하지만 친구가 목숨만큼 소중할 때여서 강제로 사이를 떼어놓으며 오히려 엇나길지도 모르겠다는 생각이 들었다. 그래서 진성이의 친구들을 집으로 불러들였다. 그렇게 진성이의 집은 하루아침에 청소년 쉼터가 되었다. 좁디좁은 아파트에서 건장한 소년 3명과 함께 살기 시작했다.

한창 먹성이 좋을 때여서 그런지 밥은 12인분을 했다. 쉴 새 없이 나오는 빨랫감을 감당하기 위해 아예 25리터짜리 액상세제를 사용했다. 1년가량 지내자 친구들은 하나둘 떠나고 같은 학교에 다니던 원형이만 남게 되었다. 진성이는 더는 비행을 저지르지 않았다.

공부가 적성에 맞지 않았던 진성이는 오토바이 배달 대행 아르바이트를 했다. 학교가 끝나면 밤늦게까지 아르바이트를 했고, 알바비로 차곡차곡 적금도 부었다. 아버지는 이제 한시름을 덜었다고 생각했다. 그때 진성이가 특수공무집행방해죄와 상해죄를 저질렀다는 연락을 받았던 것이다.

믿어주는 어른이 한 사람이라도 있다면

진성이와 함께 나를 찾아온 아버지의 얼굴에는 '무죄'라는 강한 확신이 배어 있었다. 진성이도 억울함을 피력했다. 사건 기록 역시 의문투성이였다. 우선 시속 50킬로미터로 달리는 오토바이에 40미터를 끌려갔다는 경찰은 진단서를 제출하지 않았다. 게다가 진성이는 경찰이 차에서 내린 이유가 자신들에게 오기 위해서라는 것을 몰랐다고 했다. 원형이는 경찰이 자신의 어깨에 손을 얹는 것 같았지만, 누군가가 오토바이에 매달린 채 끌려오는 느낌은 받지 못했다고 했다. 진성이 역시 마찬가지였다. 또한 당시 경찰차 블랙박스에 찍혔을 영상은 증거 목록에도 없었다.

아마도 경찰은 원형이의 헬멧 미착용에 대한 범칙금을 부과하기 위해서였을 텐데, 범칙금 2만 원을 피하기 위해 대낮에 경찰을 매단 채 달렸다는 것 자체가 이해할 수 없었다. 진성이는 운전면허도 있었고 오토바이도 아버지 소유여서 문제될 것이 없었다. 사건을 살펴볼수록 이상한 생각이 들었다. 그래서 나름대로 당시 상황을 재구성해보았다.

경찰은 원형이의 어깨에 손을 올림으로써 오토바이가 출발하지 못하게 하려 했지만, 이를 알지 못했던 진성이는 신호가 바뀌자마자 출발한 것이다. 그리고 무게중심을 잃은 경찰은 넘어져 무릎을 다쳤다. 경찰은 이들이 의도적으로 달아났고 생각해서 CCTV를 확인해 진성이를 찾아낸 뒤 입건해버렸다. 그런데 이 사건은 변호사인 나뿐만 아니라 검찰도 이해하지 못했다. 하지만 무혐의로 처리하기에는 부담이 되어서인지 소년사건으로 송치했던 것이다.

그렇다고 해서 이를 그대로 주장할 수는 없었다. 더욱이 아무리 억울해도 무죄라는 말은 꺼낼 수조차 없었다. 소년법정에서 무죄는 금기어다. 결국 억울함은 호소하되 범죄 사실 자체는 인정하고 선처를 바라는 것으로 진성이와 아버지를 설득했다. 아버지는 예전처럼 읍소하지는 않았다. 재판정에서 읍소를 한다면 아들에 대한 신뢰를 저버리는 것이기 때문이었다.

"지난번 처분을 받은 이후 진성이는 정말 열심히 살았습니다. 이 녀석이 공부를 죽어라 싫어합니다. 그래서 저도 공부하라는 말을 하지 않았습니다. 공부는 하지 않더라도 성실히 아르바이트를 하며 고등학교를 졸업한 뒤 군

대에 다녀와서 하고 싶은 일까지 계획하는 것을 보면서 정말 대견했습니다. 그런데 이렇게 또 이 자리에 서게 되었네요. 이 자리에 서게 된 것만으로도 진성이가 잘못한 것은 맞습니다. 하지만 이번 일은 오해에서 비롯되었다고 생각합니다. 그러니 판사님도 진성이가 다시 한번 범죄를 저질렀다고 생각하지 마시고 실수에서 비롯된 일이기 때문에 아량을 베풀어주시면 감사하겠습니다."

판사는 4호 처분을 내렸다. 진성이 아버지의 말대로 법정에 다시 선 것만으로도 진성이에게는 잘못이 있었다. 헬멧을 쓰지 않은 친구를 오토바이 뒤에 태운 것만으로도 진성이는 꾸지람을 받아 마땅했다. 4호 처분이 조금은 과할 수는 있지만, 아버지도 진성이도 묵묵히 받아들였다. 그런 부자의 모습을 바라보면서 두 번 다시 진성이가 법정에 서는 일은 없을 것이라는 확신이 들었다.

13장

아동에게
성적 욕망이
있을까?

또래 사이에서 일어난 성폭력

여름방학을 얼마 남기지 않은 어느 날이었다. 코로나19로 절반가량은 온라인수업으로 진행되었다. 개학 자체도 상당히 늦었다. 등교시간도 늦추어졌고 반을 2개로 쪼갠 탓에 아이들은 하루걸러 학교에 나갔다. 그러니 정작 학교에서 수업을 한 날은 반의반 학기 정도였다. 그럼에도 동현이가 미연이의 성기를 만지려 시도한 것은 무려 여덟 차례나 되었다고 한다. 그것도 수업이 끝나고 어수선한 틈을 타 선생님의 눈을 피해 손을 댔다. 백주에 교실에서 여학생의 성기를 만지려 했다니, 아무리 부모라 해도 동현이의 행동은 충격적이었다.

　동현이의 어머니는 학교폭력 신고가 접수되었다는 담임교사의 전화를 받고 그저 친구들끼리 주먹다짐이 있었겠거니 생각했다. 또래보다 덩치가 컸던 동현이가 친구를 때렸구나 싶었다. 하지만 전화기 건너편에서 이어 들려오는 담임교사의 설명은 그것이 아니었다. 여학생에게 바지를 벗으라고 했다는 것이었다. '성폭력'이라는 단어가 나왔다. 애써 침착한 척했지만 떨리는 가슴은 진정되지 않았다. 어떻게 전화를 끊었는지 기억도 나지 않았다.

어머니는 담임교사가 설명한 동현이의 행동이 도저히 믿기지 않았다. 다음 날 학교에 가야 했지만 혼자서는 발걸음이 떨어지지 않아 회사에 있는 남편을 불렀다. 출근한 지 얼마 되지 않은 남편에게 전화해 조퇴할 수 있는지 물었다. 어리둥절한 표정으로 집으로 돌아온 남편은 아내의 말을 듣고 아연실색했다. 담임교사를 만나 동현이의 일을 전해들은 부부는 경악했다.

미연이는 입학 전부터 동현이와 친하게 지내던 친구였다. 두 아이는 같은 학교에 입학했다고 너무나도 기뻐했다. 같은 동네에 살던 동현이네와 미연이네는 부모들끼리도 친했다. 두 아이는 서로의 엄마를 이모라고 불렀다. 그런 미연이에게 동현이가 성폭력을 저지른 것이다. 처음 2~3번은 미연이도 웃어넘겼다고 한다. 하지만 요구는 계속되었고 미연이는 '이번만 만지게 해주면 그만하겠지'라는 생각에 결국 자신의 성기를 만지게 해주었다. 그러나 동현이의 행동은 멈추지 않았다.

미연이는 동현이에게 명확하게 싫다는 의사를 밝혔다. 그럼에도 동현이는 계속해서 미연이의 성기를 만지려고 했다. 미연이는 이러한 동현이의 행동이 여덟 차례나 반복되었다고 했다. 동현이 역시 정확한 횟수는 기억하지 못하지만 여러 번이었다고 했다. 동현이와 친하게 지내던 미연이는 혹여나 친구 관계가 소원해질까 봐 무서워 선생님이나 부모님께 말하지 못했다고 한다. 그렇지만 동현이의 행동이 계속되자 결국 미연이는 그동안 있었던 일을 엄마에게 털어놓았다.

사건을 전해들은 동현이 부모님은 가장 먼저 미연이네에게 사과하겠다고 했다. 하지만 미연이네는 전화를 받지 않았다. 그리고 다음 날 담임교사에게서 "미연이 부모님이 더 이상 연락하지 말아달라고 하세요"라며 전화가 걸려왔다.

동현이네는 당장 무엇을 어떻게 해야 할지 막막하기만 했다. 학기가 거의 끝나갈 즈음 사건이 터져 미연이와 동현이가 서로 마주칠 일은 없었다. 동현이 부모님은 '이렇게 방학이 지나 시간이 흘러가면 미연이도 미연이 부모님도 화가 풀릴까'라는 생각을 잠시 했다. 하지만 미연이네는 그럴 생각이 전혀 없었다. 담임교사는 미연이네가 정식으로 학교폭력 신고를 접수했다고 전해왔다. 곧 학폭위가 소집될 것이라고도 했다.

학폭위가 소집되다

동현이 부모님은 도저히 동현이를 학폭위에 세울 수 없었다. 담임교사한테 학폭위만은 절대 안 된다고 했다. 그러자 담임교사는 학교폭력 신고가 접수되었다고 해도 당사자 간 화해가 이루어진다면 학교장 종결로 처리할 수 있다고 했다. 그러나 미연이네는 동현이네에게 절대 연락하지 말라며 선을 그은 상태였다. 담임교사는 다시 한번 미연이네에게 동현이네를 용서해줄 수 없는지, 아니면 부모님을 만나라도 줄 수 없는지 조심스레 물었다. 하지만 미연이네는 단호했다. 결국 학폭위는 열렸고, 동현이를 대신에 부모님이 출석했다.

이어 미연이 부모님의 면담이 이루어졌다. 미연이네 역시 부모님만 출석했다. 미연이는 사건에 대한 트라우마로 힘들어한다고 했다. 부모님은 미연이가 친구를 만나는 것을 극도로 꺼리고 집에만 있으려 한다며 울분을 터뜨렸다. 지속적으로 상담 치료를 받고 있고 지금까지 지불한 상담료만 수백만 원에 이른다고 했다. 동현이의 행동은 명백한 성폭력이며 강한 처벌을 받아야 한다는 주장도 이어갔다. 강제 전학 처분을 내려달라며 희망하는 처분까지 명확히 밝혔다. 강제 전학은 학폭위가 내릴 수 있는 처분 중 두 번째로 강한 것이었다. 가장 강한 처분은 퇴학이었다. 하지만 초등학교는 의무교육 과정이기 때문에 퇴학은 불가능했다. 사실상 미연이네는 동현이에게 가장 강한 처분을 내려달라고 요청한 것이었다.

양측 부모님과의 면담을 마친 위원들 사이에서는 성폭력의 고의성 여부를 놓고 격한 논쟁이 발생했다. 여자아이에게 바지를 벗으라고 강요했고 심지어 속옷까지 벗으라고 한 사건이었다. 피해자는 심각한 정신적 고통을 호소하고 있었다. 명백한 성폭력이었다. 그런데도 어떻게 학교에서는 화해를 권하고 학폭위 위원들은 성폭력의 고의를 의심한 걸까. 이는 동현이가 초등학교 1학년생이었기 때문이다. 동현이와 미연이는 이제 고작 8세였다. 두 아이는 같은 유치원을 나와 나란히 같은 학교, 같은 반에 입학했으며 이 일이 있기 전까지 세상에 둘도 없는 단짝이었다.

동현이의 요구는 집요했고 수위도 높았다. 하지만 사건의 가해자와 피해자 모두 8세의 아동이었다. 그래서 이 사건은 사건을 어떻게 해석하느냐보다 사람을 어떻게 해석하느냐에 있었다. 미연이가 피해를 입었다는 것은 논쟁의 여지가 없는 사실이었다. 그러나 동현이가 성폭력 가해자가 되기 위해서는 고의성, 즉 성적 욕망을 충족하기 위한 행동이어야 했다. 그런데 과연 8세 남자아이에게 '성적 욕망의 충족'이라는 개념이 정립되어 있을까.

그래서 동현이가 미연이에게 바지를 내리라고 요구한 것을 성폭력이라고 판단하기에 매우 조심스럽다. 게다가 동현이는 부모의 성관계나 성적인 미디어를 목격해 그 행동을 따라 했을 가능성이 있으며, 부모와의 애착 관계에서 생겨난 문제일 수도 있다. 그러니 무조건적인 처벌을 요구하기보다는 동현이가 처해 있는 환경적 요인을 살펴보는 것이 선행되어야 한다. 처벌보다는 치료가 시급해보였다. 호기심을 적절히 제어하는 방법, 특히 성적 호기심에 대한 자제는 어렸을 때부터 배워야 하는 것이다.

이 같은 사건은 예방도 중요하지만, 사후 대처가 더욱 중요하다. 동현이에게, 여자아이들에게 성적 장난이나 요구를 하지 않도록 교육하는 것도 중요하지만 동시에 그와 같은 행동을 했을 때 그에 대한 적절한 꾸짖음과 가르침이 더욱 중요하다.

동현이에게 필요한 것은 호기심에 따른 행동을 자제할 수 있는 자세와 공동체에서 지켜야 할 질서다. 하지만 어른들의 시각에서 성폭력으로만 이 사건에 접근하는 순간 성욕이 무엇인지도 모르는 아이에게 성욕의 절제를 가르쳐야 하는 상황이 만들어지고 만다. 이는 동현이에게 실질적인 도움이 되지 못한다. 오히려 동현이의 호기심을 왜곡시켜 더 삐뚤어진 행동을 야기할 위험성 또한 배제할 수 없다.

학폭위는 동현이의 행동을 성폭력으로 규정했다. 이 과정에서 몇몇 위원들은 "어떻게 8세 아이의 행동을 성폭력으로 규정할 수 있냐"고 강하게 항의했지만, 대다수 위원들은 "요즘은 그 나이 애들도 알 건 다 안다"며 동현이의 행동을 명백한 성폭력이라고 못 박았다. 동현이네 부모님은 학폭위의 처분과 상관없이 전학을 보내겠다는 의사를 밝혔다.

학교폭력예방 및 대책에 관한 법률

학교폭력예방 및 대책에 관한 법률에는 학교폭력대책심의위원회(학폭위)와 관련된 규정이 있다. 학폭위는 각 지방 교육지원청에 설치되며, 각 학교에서 올라온 학교폭력 사건에 대한 심의를 담당한다. 학폭위는 학교폭력대책자치위원회(자치위원회)가 2019년 법 개정을 통해 전환된 것이다.

학폭위와 자치위원회의 기본적 기능은 같다. 여러 기능을 수행하지만 가장 핵심적인 것은 가해학생을 징계하는 것이다. 법에는 "가해학생의 선도·교육을 위한 조치"라고 되어 있지만 실제로는 징계다.

한편 자치위원회는 학부모를 과반이 되도록 구성해야 하는데, 이는 어찌 보면 공정하지 못하다. 학부모는 교육 전문가가 아니다. 징계 여부는 고도의 교육 전문가가 담당해야 하는 사안이다. 자칫 감정이입이 쉬울 수도 있는 학부모에게 학생의 징계를 맡긴다는 것은 애초부터 공정성을 기대하기 어렵다.

그래서일까. 자치위원회는 처음부터 온갖 송사에 시달렸다.

대부분 결과에 불복하는 가해학생 측의 행정쟁송이었다. 게다가 이들 쟁송은 승소율도 높았다. 일선 학교에서는 자치위원회 업무에 행정쟁송 업무까지 더해져 학교 운영이 힘들다는 볼멘소리까지 나왔다. 이에 정부가 새롭게 도입한 제도가 학폭위다.

학폭위는 자치위원회와 다르게 학부모 위원의 수를 과반수에서 3분의 1로 줄였다. 그리고 일선 학교가 아닌 각 지방 교육지원청에서 직접 운영하도록 했다. 교육행정 전문가인 전담 장학사를 배정해 행정 대응 능력도 키웠다. 덕분에 행정쟁송 건수도, 패소율도 줄었다. 그럼에도 학폭위의 조치, 즉 가해학생 관점에서 징계에 대한 불만은 끊이지 않고 있다.

학폭위의 기형적인 구조와, 학폭위가 내포하고 있는 다양한 문제는 태생적으로 배태한 것이다. 학교폭력 관련 법률은 학교에 대한 불신에서 비롯되었다. 1990년대 중반부터 왕따로 인한 자살 사건이 연이어 발생했다. 물론 그전에도 유사한 사건들이 있었지만, 아이들이 스스로 목숨을 끊을 수밖에 없을 만큼 폭력의 수위가 잔인했으며 학교 당국의 미흡한 대처도 논란이 되었다. 그 결과 피해자 측 보호자들이 중심이 된 학교폭력 대응 단체들이 만들어지기 시작했다. 이들 단체가 발 벗고 나선 덕분에 지금의 학교폭력예방 및 대책에 관한 법률이 만들어졌다.

학교에 대한 불신은 학교폭력 문제에 대해, 더 나아가 학교 문제에 대해 학부모들이 주도권을 가져와야 한다는 여론으로 이어졌다. 그래서 자치위원회 위원 중 학부모가 과반수여야 한다는 규정이 마련되었다. 이에 더해 학교별로 위원 수를 최소 8명 이상 구성해야 하는데, 이렇게라도 하지 않으면 머릿수를 채우기 어렵다는 현실적 문제도 어느 정도 작용했다. 교사들을 중심으로 한 임시 기구 성격의 선도위원회가 학교폭력대책자치위원회로 바뀌고 이어 학교폭력대책심의위원회가 만들어졌다.

학교폭력 신고가 접수되면 즉시 가해학생과 피해학생을 구분하고 분리한다. 담임교사를 배제하고 학교폭력 전담 교사가 사건을 조사한다. 일련의 과정을 통해 작성된 사안 보고서가 교육지원청에 전달되고 이를 바탕으로 학폭위가 열린다. 가해학생은 10~20분가량의 학폭위 면담 기회가 주어진다. 심의 결과는 당일에 나온다. 심의 결과는 가해의 정도를 수량화한 1~9호라는 건조한 결과로만 도출되기 때문에 가해학생은 전 과정을 통해 심의 결과를 낮추는 데에만 몰두하게 된다. 이에 더해 학폭위의 전문성을 의심하는 당사자들은 결과에 대해서도 불복한다.

〈학교폭력 가해학생 판정 점수와 점수별 조치 내용〉

점수	폭력 심각성	폭력 지속성	폭력 고의성	반성 정도	화해 정도
0점	없음	없음	없음	매우 높음	매우 높음
1점	낮음	낮음	낮음	높음	높음
2점	보통	보통	보통	보통	보통

3점	높음	높음	높음	낮음	낮음
4점	매우 높음	매우 높음	매우 높음	없음	없음

처분	처분 내용	판정 점수
1호	피해학생에 서면 사과	1~3점
2호	피해학생 및 신고·고발 학생에 대한 접촉, 협박 및 보복 행위 금지	학폭위 의결 시
3호	교내 봉사	4~6점
4호	사회봉사	7~9점
5호	학내외 전문가에 의한 특별 교육 이수 또는 심리치료	학폭위 의결 시
6호	출석 정지	10~12점
7호	학급 교체	13~15점
8호	전학	16~20점
9호	퇴학 처분	16~20점

결국 학폭위는 1~9호로 계량화된 가해와 피해의 정도와 결과에 불만족하는 당사자들만 양산해낸다. 게다가 학폭위는 학교폭력에 어느 정도 대응할 수는 있어도 예방하지는 못한다. 예방은 처벌만으로는 불가능하기 때문이다. 처음 학교폭력예방 및 대

책에 관한 법률을 마련하면서 기대했던 교육적 효과를 전혀 거둘 수 없는 상황이다.

옛날 사람들은 비가 내릴 때까지 기우제를 지냈다. 그렇기 때문에 자신들의 뜻이 하늘에 전해졌다고 믿었다. 하지만 비는 기우제 때문이 아니라 비구름이 만들어졌기 때문에 내린 것이었다. 학교폭력으로 아이들의 영혼이 죽어가고 있다. 진정으로 아이들을 구제하고 싶다면 메마른 대지 위에 비가 내리기를 바라면서 기우제를 지낼 것이 아니라, 비구름을 만들어 비를 뿌려야 한다.

14장

엄벌주의가 _____ 과연
정답일까?

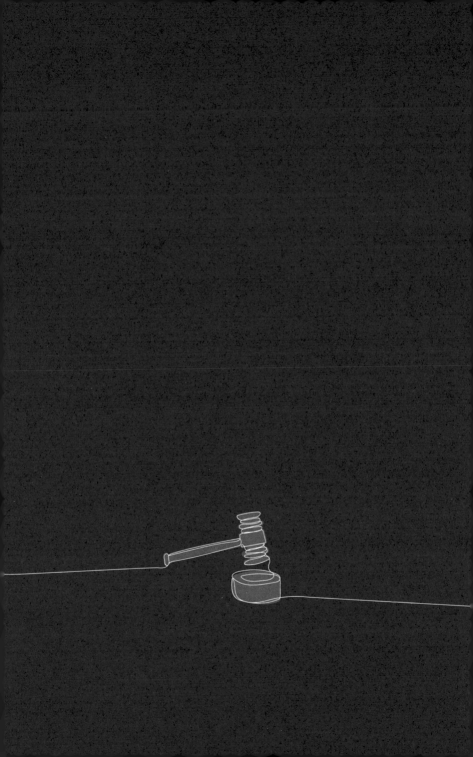

소년범에 대한 오해

어느 순간부터 미디어에서 소년범죄를 보도할 때마다 '나날이 흉악해지고 연령이 낮아지고 있다'는 문구가 빠지지 않는다. 이 때문인지 처벌을 강화해야 한다는 목소리가 높아지고 있다. 촉법소년 연령 기준을 만 14세에서 13세로, 더 나아가 12세로 낮추어야 하며, 청소년이라는 이유만으로 아량을 베푸는 소년법은 폐지되어야 한다고 주장한다.

하지만 언론의 이 같은 보도에 합리적인 근거 같은 건 어디에도 없다. 2010년부터 2019년까지 발생한 소년범죄를 살펴보면, 2010년 10만 1,596건에서 2019년 6만 6,247건으로 눈에 띄게 줄었다. 전체 범죄 발생 건수에서 소년범죄가 차지하는 비율 역시 2010년 5.4퍼센트에서

2019년 3.8퍼센트로 감소했다. 지난 10년간 우리 사회는 소년범죄를 효과적으로 줄여왔다.

강력범죄는 살인, 강도, 방화로 구성되는 흉악 범죄와 상해, 폭행, 공갈 등으로 구성되는 폭력 범죄로 나뉜다. 흉악 범죄는 지난 10년간 발생 건수의 변화는 증감을 반복했지만 최종적인 변화는 거의 없다. 다만 이러한 결과는 성범죄가 큰 폭으로 증가해서 나타난 것으로 성폭력을 제외한 나머지 범죄 건수는 크게 감소했다. 소년범의 점유비(소년비)는 2010년 13에서 2019년 9.9로 줄어들어 우리 사회 전체 흉악 범죄의 증가에 비해 소년범죄는 미비했음을 알 수 있다. 또한 폭력 범죄는 2010년 2만 7,264건에서 2019년 1만 8,622건으로 10년 사이에 대폭 줄어들었다. 소년비 역시 2010년 7.8에서 2019년 6으로 감소했다.

범죄의 연령을 살펴보면 10~13세가 차지하는 비율은 거의 낮다. 2010년에는 0.2퍼센트였고, 2014년에는 0퍼센트로 통계에 잡히지도 않았다. 비율이 가장 높은 해였던 2012년에도 0.7퍼센트에 불과했다. 이러한 경향에 의해 2018년 이후에는 해당 연령의 범죄는 통계에 반영하지 않고 있다. 다음으로 14~15세는 2010년 34.6퍼센트에서 2019년 34.4퍼센트로 거의 변화가 없었고, 가장 많은 비율을 차지하는 16~17세는 2010년 44.6퍼센트에서 2019년 40.7퍼센트로 소폭 감소했다. 그 반면에 18세 범죄 비율은 2010년 20.7퍼센트에서 2019년 24.9퍼센트로 증가했다. 종합해보면 소년범죄는 주로 14~18세에 집중되고 지난 10년간 연령에 따른 변화는 거의 없었지만 소폭으로 18세에 집중되어 오히려 고연령화되었다.

물론 강력범죄율만을 기준으로 소년범죄의 흉악화를 판단하기는 어려울 것이다. 하지만 이 외에 다른 객관적 기준은 현재로서는 없다. 따라서 소년범죄가 나날이 흉악해지고 있다는 주장을 뒷받침할 어떠한 객관적 증거가 없다는 것이 사실이다. 저연령화 역시 마찬가지다. 통계에 의하면 10~13세 청소년의 범죄는 거의 없고 절반 가까이가 16~18세에 집중되어 있으며 그나마 18세가 차지하는 비율이 소폭이지만 계속 증가해온 것을 말해준다.

그럼에도 우리 사회가 소년범죄를 나날이 흉악해지고 저연령화되어 간다고 보는 이유는 무엇일까. 여러 이유가 있겠지만 미디어의 영향이 가장 크다고 생각한다. 2017년에 발생한 인천 초등생 살인사건이나 부산 여중생 폭행

사건 등과 같이 끔찍한 소년범죄를 미디어는 앞다투어 자극적으로 보도했다. 객관적 사실을 알려주는 통계치는 뒤로하고 몇몇 사건을 자극적으로 보도함으로써 소년범죄에 대한 그릇된 이미지를 만들어내는 데 일조했다.

이처럼 왜곡된 이미지의 가장 큰 문제는 소년범죄에 대한 우리 사회의 대응 방법 또한 왜곡한다는 것이다. 인천 초등생 살인사건이 발생한 해에 국회에는 소년법 개정 또는 폐지에 대한 법률안이 20여 개나 올라왔다. 하지만 이 중에서 통과된 것은 단 1개도 없었다. 여러 가지 이유가 있겠지만 객관적 현실을 반영하지 않고 여론의 흐름에 편승해 상정된 법안이었기 때문이었을 것이다.

일각에서는 소년범의 연령이 낮아지고 있는 데다 범죄 형태도 날로 흉악해지고 있으니 소년법을 개정·폐지해 이들을 실질적으로 처벌할 수 있는 법적 근거를 마련해 경각심을 심어주어야 한다고 주장한다. 그러나 처벌 강화와 범죄율 간에 유의미한 상관관계가 없다는 것은 이미 학계에서 일반적으로 인정하고 있는 사실이다. 특히 처벌 강화가 범죄율의 감소로 이어지기 위해서는 범죄가 이익형량을 통해 발생해야 한다. 즉, 내가 범죄를 저질러

얻을 수 있는 이득과 적발되었을 때 받게 될 불이익(형량)을 비교해 이익이 더 클 때 범죄를 저질러야 한다. 처벌을 강화하는 불이익이 커져 범죄를 쉽게 저지를 수 없기 때문이다.

하지만 2019년 기준 소년범죄의 원인 중 가장 큰 비율을 차지하는 것은 우발적 요인(20.1퍼센트)이다. 그리고 이익형량과 관련이 있는 이욕이 10.1퍼센트로 두 번째 비율을 차지하지만, 호기심과 부주의의 비율도 각각 4.7퍼센트, 3.5퍼센트로 나타나며 기타 등으로 분류되는 원인이 무려 60.5퍼센트나 된다. 그렇다면 처벌 강화를 통해 범죄율을 낮출 가능성은 10.1퍼센트에 불과하며 이 역시 어느 정도의 효과를 일으킬지 의심스러운 것은 마찬가지다. 진정 소년범죄를 예방하고 싶다면 이욕을 제외한 90퍼센트의 원인에 대한 분석과 대책이 마련되어야 한다. 90퍼센트의 원인을 도외시하고 10퍼센트에 집중하는 대책이 효과를 일으킬 가능성은 매우 적을 것이다.

결국 처벌 강화는 10퍼센트에 매몰된 나머지 90퍼센트를 잃는 우를 범하는 것이다. 그래서인지 2017년 이후 집중된 소년법 개정·폐지, 촉법소년 연령 하향, 특가법에서의 청소년 예외 조항 삭제 등 청소년에 대한 처벌 강화 시도는 모두 이루어지지 않았다.

하지만 여론을 의식해서인지 현장에서는 검찰과 법원의 소년범죄에 대한 대처가 강화되어간다는 것이 체감된다. 이는 통계수치에서도 나타나는데, 소년범에 대한 검찰의 불기소율은 2010년 59.7퍼센트에서 2019년 49.5퍼센트로 무려 10퍼센트나 낮아졌다.

흔히 청소년은 우리 사회의 미래라고 한다. 미래를 처벌하겠다는 사회에는 미래가 없을 것이다. 물론 범죄를 저지르는 청소년만 처벌하고 나머지 대부분의 청소년은 아끼고 사랑하겠다는 의미일 수도 있다. 그러나 우리가 집중해야 하는 대상은 비행의 굴레에 빠져든 청소년이어야 한다. 옆에서 손잡아줄 사람이 없는 외로운 청소년이어야 한다. 그들의 손을 놓는 순간 우리 사회는 청소년 전체에 대한 심각한 모순과 문제에 빠져들 것이다.

장난이 불러온 비극

수혁이는 부모님과 함께 자그마한 아파트에 살았다. 생활은 팍팍했지만 다정한 부모님 덕에 가정은 화목했다. 특히 수혁이와 아버지 사이는 각별했다. 육체노동을 하던 아버지는 일을 마치고 집에 오면 몸은 천근만근이었지만 한창 사춘기에 접어든 아들과 대화하는 시간을 잊지 않으셨다. 하지만 화목했던 수혁이네 가정은 법원에서 날아온 소환통지서에 산산조각 나고 말았다.

어느 날 수혁이는 옆 동네에 사는 친구네 집에 놀러 갔다. 비교적 넓은 단지였던 친구네 아파트는 수혁이네와 달리 옥상이 개방되어 있었다. 주민들이 옥상에서 여가를 즐길 수 있도록 편의시설도 마련되어 있었다. 수혁이와 친구는 옥상에 올라가 놀았다. 그런데 마침 누군가 쓰다 버린 페인트 스프레이가 있었다. 수혁이는 호기심에 스프레이를 집어 들어 벽을 향해 뿌렸다. 스프레이에는 페인트가 절반 이상 남아 있었다. 그렇게 수혁이는 페인트가 바닥날 때까지 스프레이를 눌렀다.

다음 날 아파트 경비실에는 민원이 빗발쳤다. CCTV를 확인한 경비원은 범인이 수혁이임을 알아냈다. 경비원은 즉각 경찰에 신고했고, 경찰은 수혁이를 금방 찾아냈다. 경찰서에서 연락을 받은 수혁이 부모님은 해당 아파트 입주자 대표회에 사과하고 원상복구 비용을 변상하기로 했다. 빠듯한 살림에 부담이 되었지만, 그 나이 때 할 수 있는 실수라고 생각했다. 그래서 수혁이도 크게 나무라지 않았다.

하지만 1개월가량이 지나, 사건이 잊힐 즈음 법원에서 우편물이 날아왔다. 조사 명령이 떨어졌으니 출석하라는 것이었다. 출석 기일은 6주 뒤였다. 평생 법원 문턱은 넘어본 적 없는 수혁이 부모님은 가슴이 덜컥 내려앉았다. 그리고 어찌해야 할지 몰라 물어물어 청소년법률지원센터를 찾아왔던 것이다.

사건을 접수받은 경찰은 수혁이가 촉법소년이어서 기계적으로 소년법원에 송치했다. 죄명은 재물손괴였다. 장난삼아 스프레이를 뿌린 수혁이는 졸지에 재물손괴 범죄자가 되었다. 그러나 사건 내용을 살펴본 판사는 수혁이를 법정에까지 세울 필요가 없다고 판단했을 것이다. 그렇다고 아무런 조치도 없이 종결 처리할 수는 없었을 테니 조사관에게 살펴보게 한 뒤 사건을 종결할 심산인 듯했다. 그래서 수혁이에게 소환장을 보냈으리라.

"별거 아니네요. 변상도 다 하셨고, 아파트 측에서도

처벌을 원하지 않고요. 수혁이가 잘 살고 있나 얼굴 한번 보려는 거예요. 걱정 안 하셔도 돼요."

"정말 그런 건가요? 혹시 소년원에 가거나 그러지는 않을까요?"

"아이고, 아버님! 이런 걸로 소년원에 가면 사람이 넘쳐나서 운영도 못 해요. 걱정 마세요."

최대한 안심시켰지만, 난생처음 법원의 소환장을 받아본 부모님은 안절부절못하셨다. 이후 법원에 출석하기까지 6주, 다시 사건이 종결되기까지 4주, 그동안 수혁이네 집은 살얼음판이었다. 극도의 긴장감과 불안감에 휩싸였던 아버지는 수혁이에게 자주 화를 냈다. 처음에는 어린애가 그럴 수도 있다고 치부했던 장난이었지만, 시간이 지날수록 "너는 도대체 왜 그런 장난을 쳐서 문제를 일으켜!"로 바뀌었다. 어쨌거나 수혁이 사건은 심리불개시 결정으로 종결되었다. 형사사건으로 치면 공소기각이었다.

15장

소년범은 왜 성인범이 되었을까?

소년법의 취지를 되돌아보다

2017년 3월, 인천에서 16세 소녀가 초등학교 2학년생을 납치·살해하는 사건이 발생했다. 범행 수법도 잔혹했지만, 무엇보다도 범행 과정에서 게임을 즐기는 듯이 공범과 나눈 대화가 공개되면서 많은 국민이 경악을 금치 못했다. 그리고 6개월여가 지난 같은 해 9월에는 부산에서 중학생들이 또래를 무차별적으로 폭행하는 사건이 발생했다. 의자로 내려치는 등 심각한 폭행에 피해자는 피투성이가 되었는데, 가해자들은 그런 피해자의 모습을 촬영해 공유하기까지 했다.

그뿐만 아니라 2017년과 2018년에는 서울 관악산과 강원도 속초 등지에서 청소년들의 집단 폭행 사건이 연이어 발생했다. 그러던 중 2018년 11월에는 인천에서 한 중학생이 아파트 옥상에서 이루어진 집단 폭행 과정에서 추락시키는 사건까지 발생했다. 특히 이 사건의 가해학생 중 하나가 경찰에 출두할 때 피해학생의 패딩을 입고 나타나 공분을 사기도 했다.

이렇듯 청소년 강력범죄가 연이어 발생하자 국민들 사이에서는 소년법을 폐지해야 한다는 여론이 형성되기 시작했다. 소년법은 소년범죄를 규율하는 특별법이다. 만 18세 이하 청소년은 범죄의 경중, 반성의 정도, 피해자에 대한 보상 등 여러 사항을 종합해 형사처벌이 아닌 보다 적합한 처분이 필요하다고 인정될 경우 형법이 아니라 소년법에 따른 처분을 받게 된다.

소년법은 벌금이나 징역형과 같은 형법의 처벌과는 달리 봉사활동, 교육 이수, 보호관찰, 청소년시설에 위탁 등 우리 사회 내에서 함께 살아가며 교화할 수 있는 처분을 한다. 만약 부득이하게 사회로부터 일정 기간 격리해야 할 필요가 있다고 하더라도 교도소가 아닌 법무부가 운영하는 특수교육기관인 소년원에 보낸다. 그리고 소년법이 형법과 가장 다른 점은 그에 따른 처분은 전과로 기록되지 않는다는 것이다. 소년범들이 자신이 저지른 범죄를 뉘우치고 마음을 다잡아 건전한 시민으로 살아가면 전과기록 없이 사회생활을 할 수 있도록 배려한 것이다.

그런데 청소년의 특성을 고려한 처분을 통해 비행을 저지른 청소년들이 좀더 빠르게 그리고 건전하게 사회에 복귀해 적응할 수 있도록 돕고자 하는 소년법이 오히려 약한 처벌로 소년범죄를 부추긴다는 비난을 받기 시작했다. 소년법에 따른 최고 처분은 10호로, 소년원에 2년간 수감되는 것이다. 그 때문에 몇몇 사람은 "사람을 죽여도 소년원 2년 다녀오면 끝나는 것이 말이 되느냐"며 소년법 폐지를 주장하고 나섰다. 하지만 이는 명백한 사실 왜곡이다. 청소년이라고 하더라도 소년법으로 처분할 수 없는 강력범죄를 저지르면 형법에 따라 소년법정이 아닌 형사법정에서 재판을 받고 처벌을 받는다. 살인을 했다면 당연히 소년법의 적용을 받을 수 없다. 인천 초등학생 살해 사건의 범인도 16세였지만 일반 형사재판을 받았다.

흔히 청소년기를 사회화 시기라고 한다. 우리 사회의 건전한 일원으로 성장하기 위한 배움을 얻는 과정이라는 뜻이다. 이는 책이나 동영상으로만 배울 수 있는 것이 아니다. 사람들 사이에서 부대끼며 잘하면 칭찬을 받고 못하면 꾸중을 들으면서 체득해나가야 한다. 그렇게 우리 사회의 규칙을 하나하나 배워나감으로써 비로소 건진한 시민으로 성장할 수 있게 된다. 그런데 사회화가 필요한 시기에 장기간 사회로부터 격리된다면, 그 청소년은 우리 사회의 건전한 일원으로 성장하는 데 필요한 매우 소중한 시간들을 흘려보내게 된다. 그리고 그만큼 그가 우리 사회에 적응하지 못할 위험성은 증가하게 된다. 때문에 청소년에게 징역형을 선고하는 것은 매우 조심스러워야 한다.

사회가 외면하면
소년범은 장발장이 된다

나는 소년법을 폐지해야 한다는 여론이 들끓을 때마다 상현 씨가 생각난다. 상현 씨 사건은 피의자가 청소년이 아님에도 담당했던 몇 안 되는 사건 중 하나였다. 상현 씨 사건은 그 어떤 소년사건보다 소년범죄를 적나라하게 보여준 사건이었다. 그리고 소년법이 폐지된다면 비행청소년들에게 어떤 영향을 미치며 어떤 결과를 야기할지 선명하게 보여주는 사례이기도 했다.

모든 범죄는 '특' 자가 붙으면 형량이 급격히 상승한다. 강도보다는 특수강도가, 폭행보다는 특수폭행이 훨씬 무거운 형량을 받는다. 청소년들이 저지르는 범죄 중 절도는 폭행과 함께 상당히 높은 비율을 차지한다. 형법은 절도죄를 "6년 이하의 징역 또는 1,000만 원 이하의 벌금"에 처하도록 규정하고 있다. 그 반면에 특수절도는 "1년 이상 10년 이하의 징역"으로 규정하고 있다. 특수절도죄는 형량도 형량이지만 벌금에 대한 언급 자체가 없다. 즉 특수절도로 유죄를 받으면 무조건 징역형을 받게 되는 것이다. 심지어 최고 10년까지 선고가 가능하다. 만약 누범에 해당하면 2배까지 가중처벌을 받으므로 절도죄 하나로 최대 징역 20년까지 살 수 있다.

　　절도로 20년 형을 선고받을 수 있다고 하면 아무도 믿지 못할 것이다. 실제로도 절도 혐의로 20년 형을 선고받은 사례는 없다. 하지만 절도 혐의로 20년 가까이 수감 생활을 한 사례는 얼마든지 있다. 20대 초반 청년이 좀도둑질로 감옥을 들락거리다 어느덧 40대가 되어버린 사례가 허다하다. 상현 씨도 도둑질로 감옥을 들락거리다 어느덧 40대가 되어버린 경우였다.

상현 씨가 선고받은 형량을 모두 합하면 12년 8개월이 된다. 그리고 다시 징역 6년을 선고받았으니 절도 혐의로만 19년 가까이 옥살이를 하게 된다. 빅토르 위고의 장편소설 『레미제라블』의 주인공 장발장이 빵 한 조각을 훔친 죄로 옥살이를 한 기간이 19년이다. 다만 장발장은 네차례의 탈옥 시도로 형량이 가중되었다. 그러나 상현 씨는 오로지 절도 혐의로만 19년을 감옥에서 살게 되는 것이다.

상현 씨를 보고 누군가는 "감옥에 다녀왔으면 정신 차리고 착하게 살아야지 출소한 지 얼마나 되었다고 다시 범죄를 저지르면 감옥에서 평생 썩어도 싸다"며 그의 처벌을 당연하게 받아들일 수도 있을 것이다. 하지만 그의 삶을 살펴보면 과연 19년 옥살이가 정당한 것인지 자문하게 될 것이다.

그가 살아온 삶의 궤적은 우리 사회의 청소년, 특히 거리의 청소년들이 쉽게 마주하는 모습과 너무나도 닮았다. 그렇기에 거리로 내몰린 청소년들의 이야기를 먼저 짚고 가려고 한다.

여러 가지 이유로 거리에서 생활하게 된 청소년들에

게 가장 절박한 것은 돈이다. 돈이 있어야 밥을 사 먹고 잠 잘 수 있는 곳을 고를 수 있다. 그러나 이들이 돈을 벌기란 쉽지 않다. 월세방을 얻으려고 해도 보증금을 마련할 여력이 없기 때문에 돈이 생기면 여관이나 찜질방에서 몸을 누인다. 하지만 잠자는 것보다 더 절박한 것이 배고픔을 달래는 것이기에 거리의 청소년들은 돈이 생기면 우선 먹는 데에 쓴다. 잠은 공원이나 빌딩 계단 등 어디서든 잘 수 있기 때문이다. 물론 어두운 밤 외진 곳에서 잠을 청하는 것은 어떠한 일이 벌어질지 모르는 위험을 감수해야 한다. 그래서 거리의 청소년들은 밤이 아닌 낮에 잠을 잔다. 외진 곳이라고 해도 밤보다는 낮이 그나마 안전하기 때문이다. 이렇게 그들은 밤에는 거리를 배회하고 낮에는 후미진 곳에서 잠을 청한다.

돈이 없어 밤과 낮이 바뀐 청소년들은 범죄의 유혹에 손쉽게 빠져든다. 특히 밤거리를 쏘다니다 보면 범행 대상이 쉽게 눈에 들어온다. 예컨대 한밤중에 거리를 걷다가 문이 닫힌 가게를 보고 절도의 유혹을 느낀 청소년이 결국 문을 따고 들어간 경우를 생각해보자. 이 같은 행위는 대표적인 특수절도다. 만약 밤이 아닌 낮에 물건을 훔쳤다고 해도 별반 다르지 않다. 낮에 망을 봐주는 친구도 없이 혼자 질도를 할 만큼 용감한 청소년은 드물다. 대부분 친구들과 함께 물건을 훔친다. 2명 이상이 함께 물건을 훔치는 행위 역시 대표적인 특수절도다. 이렇게 청소년들은 단순 절도범도 아닌 특수절도범이 되어버린다.

앞서 이야기했듯이, 특수절도는 벌금형이 없다. 무조건 징역형이고 최대 10년까지 선고가 가능하다. 하지만 우리나라 법원은 처음 남의 물건에 손을 댄 청소년을 감옥에 보낼 만큼 매정하지 않다. 다만 벌금형을 선고할 근거가 없기 때문에 집행유예를 내린다. 설령 벌금형이 가능하다고 해도 돈이 없어 물건을 훔친 이에게 벌금형을 선고하면 벌금 마련을 위해 다시 물건을 훔칠지도 모른다. 따라서 벌금형보다는 집행유예가 더 나을 수 있다.

집행유예는 형의 집행을 유예하는 것이기 때문에 이 기간에 범죄를 저질러서는 안 된다. 예를 들어 징역 6월에 집행유예 2년을 선고받았다면 2년 동안 금고형 이상의 형을 받아서는 안 된다. 만약 유예 기간에 저지른 범죄로 징역 1년 6월을 선고받았다면 이전에 유예된 6개월을 더해 2년을 감옥에서 보내게 된다.

청소년이 집행유예를 선고받고 사회로 돌아온다고 해도 그가 돌아갈 곳은 변하지 않는다. 밤에는 거리를 배회하고 낮에는 후미진 곳에 잠을 청해야 하는, 그 누구도 그들을 반갑게 맞이해주지 않는 그곳이다. 범죄의 소굴로 돌아간 청소년이 범죄를 다시 저지르지 않기를 기대하긴 어렵다.

　　그런데 문제는 범죄를 반복하게 되면 누범이 되어 형이 가중되며 그때부터는 '특수절도'가 아닌 '특정범죄'로 취급된다. 우리나라는 사회적으로 강하게 처벌할 필요가 있다고 판단되는 몇몇 범죄 유형을 묶어 소위 '특가법'이라고 불리는 특정범죄가중처벌 등에 관한 법률을 제정해놓았다. 상현 씨는 세 번째 절도부터 특가법을 적용받았다. 그런데 이 법률이 적용되는 순간 형량은 비교할 수 없을 정도로 높아진다. 동일한 절도라고 하더라도 특가법이 적용되면 그 형량은 3년 이상 25년 이하의 징역이다.

　　그 결과 물건을 훔친 것만으로 수년씩 감옥에서 살게 되는 것이다. 하지만 청소년 때부터 감옥에 들락거리며 3~4년씩 살다 나온 이가 사회에 다시 적응하기란 쉽지 않다. 전과자라는 꼬리표가 평생 따라다닐 것이고, 감옥에서 사회로 돌아갈 준비를 아무리 한다고 해도 우리 사회는 그를 쉽게 받아들이지 않는다. 그러다 보면 그는 사회부적응자로 전락하게 되고 생계를 유지하기 위해 범죄를 저지르게 되면 감옥을 들락거리며 늙어가게 된다.

상습절도범의 길을 걷다

상현 씨는 정확히 이러한 삶을 살고 있던 중에 만나게 되었다. 그를 처음 만난 것은 영장실질심사 때였다. 영장실질심사는 피의자의 구속영장 발부 여부를 심리하는 절차다. 구속사유가 없음이 입증되면 영장 청구는 기각되고 그렇지 않으면 영장이 발부된다.

영장실질심사 접견실은 구치소 접견실과 다르게 유리 칸막이가 설치되어 있다. 유리 칸막이 너머 앉아 있는 상현 씨는 흡사 노숙자와 같은 행색을 하고 있었다. 아니 상현 씨는 노숙자였다. 출소한 뒤 여관에서 며칠간 지내다가 노상 거리에서 생활했다고 한다. 그는 계속해서 고개만 숙이고 있었다. 자신을 변호하겠다며 찾아온 변호사에게 얼굴조차 보여주지 않았다. 이런저런 질문을 던져보아도 대답은 없었다. 그와 대화를 이어나가는 것은 어렵다고 판단되었지만, 그가 영장실질심사를 포기하지 않는 한 변론은 해야 했다. 그는 출소한 지 며칠 안 되어 도둑질을 시작해 2개월간 24차례에 걸쳐 2,000만 원가량의 금품을 훔친 혐의로 체포되었다. 주거지도 불분명했으며 직업도 없었다. 범죄 혐의의 상당성과 도주 및 증거인멸의 가능성이 농후했다. 영장이 기각될 일은 거의 없었다. 그날 저녁 상현 씨의 구속영장이 발부되었다.

상현 씨가 구속되고 얼마 지나지 않아 공판기일이 잡혔다. 재판을 준비하기 위해 그를 만나러 갔다. 그런데 구치소에서 마주한 그는 전혀 다른 사람이 되어 있었다. 제멋대로 자란 더벅머리는 단정하게 이발되어 있었다. 깨끗이 씻은 얼굴에서는 옅었지만 미소까지 비쳤다. 그의 눈에서는 힘이 느껴졌다. 이러한 그의 모습은 그간 변호를 하며 마주했던 수많은 구속 피의자들과 전혀 달랐다. 구속 피고인 대부분은 구치소 생활을 시작하면 더욱 피폐해진다. 그런데 상현 씨는 오히려 구치소에서 삶의 활력을 얻은 것 같았다. 그에게는 사회보다 구치소가 훨씬 편안하고 안정적이었던 것일까.

그제야 비로소 그의 이야기를 들을 수 있었다. 상현 씨의 부모님은 그가 6세 되던 해에 모두 돌아가셨다. 상례식을 다 치르기도 전에 친척들 간에 심한 다툼이 발생했고 5명이던 상현 씨 형제들은 뿔뿔이 흩어졌다. 상현 씨는 누나와 같이 버려졌다. 누나는 어린 상현 씨를 데리고 살아가려고 노력했지만 그녀도 고작 9세였다. 결국 누나는 상현 씨를 고아원에 보냈다. 하지만 상현 씨는 고아원 생활에 적응하지 못해 며칠 만에 도망쳐 나왔고 그때부터 거리에서 생활했다. 6세 아이가 어떻게 거리에서 살아갈 수 있었냐는 질문에 그저 "구걸도 하고 껌도 팔고 그랬어요"라는 대답뿐이었다.

당연히 상현 씨는 학교 문턱도 밟아보지 못했다. 15세 때부터 일자리를 구하러 다녔다. 그러나 초등학교도 졸업하지 못한 그가 직장을 얻는 건 쉽지 않았다. 몇몇 공장을 전전했지만 다시 길거리로 돌아가고 말았다. 그러다가 남의 물건에 손을 대기 시작했다. 이후 그는 감옥을 드나들며 절도 혐의만으로 3~4년씩의 형을 선고받는 전형적인 상습절도범의 길을 걸었다. 그렇게 30대에 접어든 상현 씨는 또다시 절도 혐의로 서게 된 법정에서 징역 4년을 선고받았다. 긴 수감 생활을 마치고 출소한 그에게는 교도소에서 4년간 모은 60만 원이 전부였다.

두 번 다시 교도소에 가고 싶지 않았던 상현 씨는 여인숙과 찜질방을 전전하며 일자리를 찾아다녔다. 구인광고를 보고 찾아간 곳에서 주민등록증을 요구했다. 하지만 상현 씨는 주민등록증이 없었다. 주민등록증을 발급받기 위해 주민센터(지금의 행정복지센터)를 찾았지만 그는 자신의 주민등록번호조차 제대로 알지 못했다. 더군다나 주소지로 등록할 주거지도 없었다. 주민센터 직원은 해결 방법을 설명해주었지만, 그것은 상현 씨가 해결할 수 있는 문제가 아니었다.

다른 주민센터를 찾아갔지만 마찬가지였다. 그렇게 여덟 번째 찾은 주민센터에서도 주민등록증을 만들지 못하고 나온 날, 남은 돈을 모두 털어 소주 2병을 사들고 여관을 찾았다. 소주를 전부 마신 그는 빈 병을 깨 손목을 그었다. 그러나 상현 씨는 다음 날 아무 일도 없었다는 듯이 깨어났다. 여전히 여관방이었고 손목의 상처에서는 피가 멎어 있었다. 여관을 나선 그는 또다시 절도를 시작했다.

방범창을 맨손으로 뜯어낸 뒤 빈집에 들어가 물건을

훔치는 것이 그의 수법이었다. 배가 고프면 그 집에서 밥을 먹기도 했다. 방금 도둑질을 한 집 앞에서 남배를 피우기도 했다. 어서 나를 잡아가라는 것이나 마찬가지였다. 당연히 그의 절도 행각은 오래가지 않았다. 그는 2개월 만에 현행범으로 체포되었다. 그리고 다시 서게 된 여덟 번째 법정에서 징역 6년을 선고받았다. 형량을 채우고 나면 40세를 앞둔 나이가 될 터였다. 사회는 출소한 상현 씨를 더욱 야박하게 대할 것이다. 그렇게 되면 그는 손쉽게 범죄의 수렁에 빠지게 될 것이다. 점차 그가 사회에 적응하며 보통 사람처럼 살아가는 것은 불가능에 가까울 것이다.

지금의 사회시스템은 상현 씨 같은 범죄자를 양산할 수밖에 없다. 앞서 이야기했듯이 새롭게 범죄에 빠져드는 청소년의 수는 감소 추세이지만 반복해서 범죄를 저지르는 청소년들은 지속적으로 늘어나고 있다. 달리 말하면 한 번 범죄를 저지른 청소년들은 계속해서 범죄를 저지른다는 것이다. 이렇게 되면 이들이 성인이 되어서 범죄를 저지를 가능성도, 만성적 범죄자가 될 가능성도 매우 크다.

만성적 범죄자가 늘어나는 이유는 다양하겠지만 그들이 범죄를 저지를 수밖에 없는 상황 등을 고려하지 않은 채 기계적으로 판결하는 등 현실과 법정 사이의 괴리도 무시하지 못할 것이다. 만약 그들을 교도소로 보내지 않고 생활을 보살펴주면서 동시에 교화를 할 수 있는 다른 형태의 처벌을 내렸다면 결과는 달라졌을지도 모른다. 이 때문에 소년법이 존재해야만 한다. 특수절도를 저지른 청소년에게 소년법을 적용한다면 징역형이 아닌 다른 처분을 내릴 수 있게 된다. 그렇게 되면 상습범, 누범이 되는 것을 막을 수 있게 된다.

반성하지 않고 계속 범죄를 저지르는 청소년에게 소년법은 지나친 관용일 뿐이라고 비난할 수도 있다. 하지만 처벌만이 능사는 아니다. 주변 환경은 그대로인데 강력한 처벌을 내리는 것은 그저 범죄의 수렁에 밀어 넣음으로써 만성적 범죄자를 양산하는 것일 수도 있다. 그보다는 그들에게 한 번 더 기회를 주어 우리 사회의 울타리 안에서 교화를 시도하는 것이 훨씬 나을 것이다.

우리 사회가 상현 씨를 보듬어주었다면 그는 교도소를 들락거리며 늙어가는 삶을 피할 수 있었을지도 모른다. 상현 씨의 계속된 절도 행각의 책임을 온전히 그에게 전가할 수만은 없다. 상현 씨가 그렇게 되기까지 우리 사회 또한 자유롭지 않기 때문이다. 그렇기에 소년법을 유지하는 것은 우리 사회가 상현 씨와 같은 길에 접어들 위험에 처한 청소년들과 책임을 함께할 수 있는 최소한의 양심이다. 청소년 강력범죄가 발생할 때면 으레 제기되는 소년법 폐지 또는 처벌 강화 주장이 못내 아쉬운 것도 이 때문이다.

절차적 엄격함에 대하여

변호사 활동을 할 때 매우 민감한 부분이 있었다. 바로 '기간'이다. 소송절차에는 기간을 준수해야 하는 규정들이 많다. 그런데이 기간들이 헷갈릴 때가 있다. 예를 들면 민사소송에서 항소는 판결문을 받은 날로부터 14일 이내에 해야 한다. 그 반면 형사소송에서는 판결 선고일로부터 7일 이내에 항소해야 한다. 14일과 7일이라는 기간의 차이도 있지만, '판결문을 받은 날로부터'와 '선고일'이라는 시작 시점도 다르다.

민사소송은 판결 선고기일에 출석하지 않아도 된다. 불출석하면 판결문은 주소지로 송달된다. 이렇게 우편을 통해 판결문을 받은 날부터 항소기간이 계산된다. 그것도 형사소송에 비해 넉넉한 14일의 기간이 주어진다. 하지만 형사소송에서 피고인은 판결 선고기일에 출석해야 한다. 출석하더라도 자신의 형량만 확인할 수 있을 뿐 유죄의 이유는 다음 날 판결문을 발급받아야 정확하게 알 수 있다. 그럼에도 형사소송에서 항소는 반드시 판결 선고일로부터 7일 이내에 해야 한다.

선고기일에 출석해서 자신의 유무죄와 형량을 알았으면 바로 항소해야 한다고 생각할 수도 있다. 그런데 검사기 벌금형올 구형했을 경우에는 출석할 필요가 없다. 간혹 자신의 선고기일을 잊어버리고 벌금형이 선고되었는지조차 모르는 사람도 있다. '설마 그런 사람이 있을까?' 싶겠지만 실제로 이러한 사례는 종종 발생한다. 그 사람들은 항소기간을 놓침으로써 그대로 형이 확정되고 전과자가 되어버리는 것이다.

기간을 놓치는 많은 사례 중에 정식재판 청구가 있다. 검사가 약식으로 벌금을 청구하고 이를 판사가 승인하면 피고인은 재판을 받지 않고 벌금형을 선고받을 수 있다. 벌금 액수가 크지 않다면 짧게는 몇 개월에서 길게는 몇 년씩 걸리는 재판의 번거로움을 피하고자 피고인은 유죄를 인정하고 약식명령을 수용한다. 하지만 무고함을 주장하거나 벌금 액수가 클 때는 정식재판을 청구해 내용을 다투어야 한다. 그런데 정식재판은 약식명령을 받은 후 7일 이내에 청구해야 한다. 이 시간은 생각보다 짧다. 약식명령을 받고 유죄를 인정할지, 인정한다면 청구된 벌금 액수가 적정한지 고민하는 데에만 며칠이 소요된다. 고민이 조금이라도 길어진다면 자칫 청구 기간을 놓칠 수 있다. 만약 기간 내에 정식재판을 청구하지 못한다면 유무죄를 따질 기회도 없이 벌금형이 그대로 확정된다.

기간 말고도 법률이 엄격하게 따지는 것 중에 의사표시가 있다. 친고죄는 피해자의 고소가 있어야만 검사가 피의자를 기소할 수 있다. 거꾸로 말하면 고소를 취소하면 검사는 피의자를 기소할 수 없다. 그런데 이러한 고소취소는 다시 주워 담을 수가 없다. 예를 들어 폭행 사건에서 가해자가 눈물로 호소하는 바람에 고소를 취소했다면 그것으로 끝이다. 고소취소 후 가해자가 돌변해 반성은커녕 오히려 피해자를 모욕한다고 해도 재고소는 불가능하다. 혹은 당장 돈은 없지만 합의를 해준다면 곧 돈을 마련해 보상하겠다는 말만 믿고 고소를 취소했지만, 합의금을 못 받더라도 취소한 고소를 되돌릴 수는 없다.

각종 소나 신청의 취하 역시 마찬가지다. 한 번 취하했으면 되돌릴 수 없다. 간혹 형사재판에서 항소를 취하하는 경우들이 있다. '이런 사건으로 항소하면 괜히 괘씸죄에 걸려 형량만 높아진다', '항소심에서 또 유죄가 나오면 재판비용이 청구될 수도 있다'는 등 주위의 어설픈 훈수에 항소를 취하한다. 하지만 취하서가 법원에 도착한 순간 항소의 취하는 확정되어버린다. 아무리 후회해도 자신의 유무죄를 다툴 기회는 영영 돌아오지 않는 것이다.

이처럼 법률에서 규정하고 있는 기간과 의사표시는 매우 엄격하다. 공정한 재판을 위해서 그리고 재판 진행의 원활함을 위해서는 절차의 엄격성을 유지할 필요성은 있다. 그러나 절차의 엄격함이 당사자의 인생보다 중요할 수는 없다. 단 하루 차이로 평생 전과자가 되어야 하는 피고인의 억울함의 무게는 이 세상 그 어떠한 가치보다 무거울 것이다.

성인이라면 자신이 한 행동에 마땅히 책임져야 한다. 낯선 법률이 어려울 수는 있겠지만 국선변호인 제도 등 이용할 수 있는 최대한이 자원을 동원해 문제를 해결헤니갈 의무도 있다. 하지만 이러한 엄격성을 청소년에게까지 강요할 수 있는지는 의문이다. 미성년자라는 이유로 많은 부분에서 권한을 제한하면서 유독 법적 절차에 대해서만 성인과 같은 책임을 지우는 것은 정당하지 못하기 때문이다. 최소한 미성년자, 특히 형사재판을 받는 미성년자에 대해서는 충분히 권리가 보장될 수 있도록 도움을 주는 제도라도 마련되어야 할 것이다.

반복되는 소년법 개정 논란

도심의 한 아파트 옥상에서 떨어진 벽돌에 40대 주민이 맞아 숨지는 사건이 발생했다. 수사에 나선 경찰은 곧 범인을 검거했다. 하지만 범인은 형사미성년자에 해당하는 어린 청소년이었다. 살인을 저질렀음에도 형사미성년자라는 이유로 처벌할 수 없게 되자 비난 여론이 거세게 일었다. 공교롭게도 비슷한 시기 형사미성년자가 범인인 강력범죄가 연이었다.

법무부는 최근 들어 저연령 아동 범죄가 급증하고 있지만 현행 촉법소년 연령 기준 때문에 단속의 사각지대에 놓여 있다면서 기존의 소년법을 개정해 처벌 대상을 확대하겠다고 발표했다. 언론도 이에 발맞춰 연일 소년범죄의 심각성을 알리는 기사를 보도했다. 결국 법무부는 촉법소년 연령을 낮추는 것을 골자로 한 소년법 개정안을 입법 예고했다. 그러자 몇몇 청소년 선문가가 저벌만이 능사는 아니라며 촉법소년 연령의 하향 확대를 경계하고 나섰다. 국가인권위원회 역시 "소년법 적용 연령을 낮추지 말아야 한다"는 입장을 내놓았다. 그럼에도 여론을 돌려세우기에 는 역부족이었다.

이 상황은 2018년 한 해, 우리 사회를 뜨겁게 달구었 던 소년법 논란과 놀랍도록 일치한다. 그러나 이 논쟁은 2018년이 아닌 10여 년 전인 2007년 한국 사회를 휩쓸 고 지나간 것이다. 2006년 12월 4일, 서울 양천구 목동 의 15층 아파트 옥상에서 만 12세이던 중학교 1학년 학 생 2명이 떨어뜨린 벽돌에 40대 주민이 맞아 숨지는 사 건이 발생했다. 그러나 이들은 형사처벌을 받지 않는 촉 법소년이었기 때문에 가정법원에 송치되었다. 그러자 "사 람이 죽었는데, 촉법소년이라는 이유로 처벌하지 못하는 게 말이 되느냐"며 비난 여론이 일기 시작했다. 언론도 여 론에 따라 촉법소년 문제를 다루기 시작했고 전국에서 촉 법소년이 일으킨 몇몇 강력범죄가 보도되었다. 이에 여론 은 더욱 나빠졌다.

여론에 힘입어 법무부가 나서서 촉법소년 연령을 낮추겠다고 발표했다. 당시에는 촉법소년 연령이 만 12세까지였다. 이를 만 10세까지 낮추는 방안이 검토되었다. 이는 처벌 대상을 초등학생으로까지 확대한다는 뜻이었다. 일부 전문가의 우려가 있었지만, 개정안은 여론을 등에 업고 탄력을 받았다. 국가인권위까지 반대하고 나섰지만 역부족이었다. 2007년 개정안은 그해에 통과되어 2008년부터 시행되었다.

그런데 이른바 2015년 '용인 아파트 벽돌 투척 사건'을 시작으로 촉법소년이 가해자였던 몇몇 강력범죄 사건이 잇달아 일어나면서 소년법 개정 논란에 다시 한번 불이 붙었다. 더군다나 법무부가 촉법소년뿐 아니라 형사미성년자 연령을 만 14세 미만에서 만 13세 미만으로 낮추겠다고 발표했는데, 이를 둘러싼 여론이 팽배하게 맞서면서 법령이 통과되지 못하고 계류 중에 있다.

어쨌거나 소년법 개정 논란이 끊이지 않고 있는 지금, 2007년의 결과를 살펴보면 우리가 취해야 할 모습을 조금은 현명하게 판단할 수 있을 것이다. 2007년 소년법 개정은 단정적으로 표현하면 실패작이었다. 촉법소년이 만

12~14세에서 만 10~14세로 하향됨에 따라 이 나이대에 분포하는 촉법소년은 2배 증가했지만, 개정법이 적용되기 시작한 해부터 오히려 촉법소년의 처벌 건수는 줄어들었다. 형사미성년자인 촉법소년은 경찰에 의해 소년재판부로 송치되는데, 『범죄백서』에 따르면 2008년 1만 781건(25.8퍼센트)이었던 경찰 송치 건수는 2009년 1만 1,609건(24.2퍼센트)으로 소폭 증가했지만 전체 소년보호사건 접수 인원에서 차지하는 비율은 오히려 감소했다. 이후 2010년에는 9,212건(20.8퍼센트)으로 건수와 비율 모두 2008년에 비해 줄어들었다. 이러한 감소세는 2012년 1만 2,799건(23.9퍼센트)을 제외하고는 계속 이어져 2016년에는 6,788건(20.1퍼센트)으로 내려갔다.

나이가 어려 처벌하지 못하는 것이 부당하다며 소년법을 개정했다. 그러나 막상 개정해놓고 보니 처벌할 대상이 없었다. 애초부터 촉법소년 문제가 과대 포장되었던 것이다. 법무부는 정확한 실태도 파악하지 않고 무턱대고 법부터 개정하고 보자는 식이었다. 2007년 소년법 개정은 법률 개정의 가장 기본인 필요성 조사조차 무시된 졸속 입법이었다.

물론 그때와 지금의 사정이 다르다고 반론할지도 모른다. 하지만 전혀 그렇지 않다. 현재 법무부는 형사미성년자 연령을 현행 만 14세 미만에서 만 13세 미만으로 낮추는 방안을 추진 중이다. 이 방안이 실효성을 가지려면 법률 개정을 통해 새롭게 형사처벌 대상으로 편입되는 만 13세 소년 중 실제로 형사처벌 대상이 발생해야 한다. 그러나 소년 폭력 범죄에서 만 12~13세가 차지하는 비중은 0퍼센트에 가깝다. 소년 폭력 범죄 중에서도 일부만 형사처벌되고 다수는 소년법으로 처리된다는 점을 고려하면, 형사미성년자를 만 13세로 낮춘다고 해도 새롭게 형사처벌이 될 소년은 거의 없다고 보아도 무방하다. 법무부는 존재하지도 않는 만 13세 강력범죄자를 형사처벌하겠다며 형사미성년자 연령을 낮추겠다고 나선 것이다.

형사미성년자 연령을 낮추는 것이 통계적으로는 실효성이 없을지라도 상징적 의미는 있다고 주장할 수도 있다. 청소년들에게 만 13세도 형사처벌될 수 있다는 경고를 하자는 것이다. 하지만 이러한 주장을 하는 이들은 법률의 한 문구가 당사자에게는 얼마나 큰 폭력으로 작용할 수 있는지를 간과하고 있는 것이다.

나는 왜
소년범을
변호했을까

ⓒ 김광민, 2023

초판 1쇄 2023년 2월 20일 찍음
초판 1쇄 2023년 2월 27일 펴냄

지은이 | 김광민
펴낸이 | 강준우
기획 · 편집 | 박상문, 김슬기
디자인 | 최진영
마케팅 | 이태준
인쇄 · 제본 | 제일프린테크

펴낸곳 | 인물과사상사
출판등록 | 제17-204호 1998년 3월 11일

주소 | (04037) 서울시 마포구 양화로7길 6-16 서교제일빌딩 3층
전화 | 02-325-6364
팩스 | 02-474-1413

www.inmul.co.kr | insa@inmul.co.kr

ISBN 978-89-5906-673-5 03330

값 16,000원